115. B 【解析】目前,国内三家商品期货交易所的成交量和持仓量数据均按双边计算,中国金融期货交易所的成交量和持仓量数据按单边计算。

116. A 【解析】题干表述正确。

117. B 【解析】基差 = 现货价格 - 期货价格 = 3 800 - 3 860 = -60(元/吨)。

118. B 【解析】若投机者预期未来利率水平将下降,利率期货价格将上涨,便可买入期货合约,期待利率期货价格上涨后平仓获利。

119. A 【解析】标的资产价格的波动率越高,期权的价格也应该越高。

120. A 【解析】期货市场在宏观经济中的作用之一是为政府制定宏观经济政策提供参考依据。

四、综合题

121. C 【解析】可用资金 = 客户权益 - 保证金占用 = 60 - 20 + 5 - 2 + 22.5 - 16.5 = 49(万元)。

122. A 【解析】该组合的 $\beta = X_1\beta_1 + X_2\beta_2 + \cdots + X_n\beta_n = 0.9 \times 1/3 + 1.1 \times 1/3 + 1.3 \times 1/3 = 1.1$,需要买进期货合约数量 = 现货总价值 ÷ (期货指数点 × 每点乘数) × β = 10 000 000/(2 500 × 100) × 1.1 = 44(张)。

123. B 【解析】因为甲做的卖出套期保值,所以期货价格下跌,甲实现套期保值目标,根据合同约定,期货价格下跌对乙也是有利的。

124. D 【解析】股指期货理论价格为 $F(t,T)$ = 3 000 × [1 + (5% - 1%) × 1/12] = 3 010,正向套利机会:3 010 + 35 = 3 04
以上,反向套利机会:3 010 - 35 = 2 975 以下。

125. B 【解析】根据金字塔式建仓原则,投资者开仓一直在
买入,可算出持仓的均价:(2 030 × 10 + 2 000 × 5)/(10 + 5) =
2 020(元/吨)。当价格反弹到均价时,该投机者卖出平仓既不亏
损又不盈利;当价格在均价之上时,该投机者可盈利;在均价之
下,则亏损。

126. B 【解析】买入看涨期权的损益平衡点为:执行价格 +
权利金。买入看跌期权的损益平衡点为:执行价格 - 权利金。所
以投资者买入看涨期权和买入看跌期权的损益平衡点分别为
21 000 + 500 = 21 500(点);20 000 - 300 = 19 700(点)。

127. B 【解析】卖出看涨期权的盈亏平衡点为:执行价格 +
权利金 = 1.590 + 0.010 6 = 1.600 6。

128. A 【解析】买入套期保值基差走弱盈利,本题中基差由
-20 到 -50,基差走弱 -30,所以盈利 30 元/吨。大豆合约 1
吨/手,盈利 = 10 × 10 × 30 = 3 000(元)。

129. A 【解析】期货市场盈利 = 2 × (90.3 - 88) × 100 × 25 =
1.15(万美元),实际借款利息成本 = 200 × 12% × 3/12 - 1.15 = 4.8
(万美元),实际借款利率 = (4.85/200) × 12/3 × 100% = 9.7%。

130. C 【解析】股指期货理论价格:$F(t,T) = S(t)[1 + (r$

《期货及衍生品基础》押题试

《期货及衍生品基础》模拟试卷

82. AC 【解析】交易者预期标的资产价格上涨而买入购买标的资产的权利被称为看涨期权。买进期货合约可以对冲标的资产价格上涨的风险，卖出期货合约可以对冲标的资产价格下跌的风险。

83. BC 【解析】基差 = 现货价格 - 期货价格。

84. CD 【解析】期货合约中的标的物既可以是实物商品，也可以是金融产品或相关产品。标的物为实物商品的期货合约称作商品期货，标的物为金融产品的期货合约称作金融期货。

85. ABCD 【解析】一般而言，客户进行期货交易会涉及以下几个环节：开户、下单、竞价、结算和交割。

86. ABCD 【解析】期货交易的参与者众多，除了会员以外，还有他们所代表的众多的商品生产者、销售者、加工者、进出口商以及投机者等。

87. ABCD 【解析】标准仓单数量因交割、交易、转让、质押、注销等业务发生变化时，交易所收回原"标准仓单持有凭证"，签发新的"标准仓单持有凭证"。

88. AB 【解析】牛市套利是指当市场出现供给不足、需求旺盛或者远期供给相对旺盛的情形，导致较近月份合约价格上涨幅度大于较远月份合约价格的上涨幅度，或者较近月份合约价格下降幅度小于较远月份合约价格的下跌幅度，无论是正向市场还是反向市场，在这种情况下，买入较近月份的合约同时卖出较远月份的合约进行套利，盈利的可能性比较大。

89. ACD 【解析】期货市场在宏观经济中的作用：①提供分散、转移价格风险的工具，有助于稳定国民经济。②为政府制定宏观经济政策提供参考依据。③促进本国经济的国际化。④有助于市场经济体系的建立与完善。

90. ABC 【解析】期货价差套利根据所选择的期货合约的不同，又可分为跨期套利、跨品种套利和跨市套利。

91. AC 【解析】合约名称注明了该合约的品种名称及其上市交易所名称。

92. ABC 【解析】题干为正向市场上的牛市套利，因此价差缩小盈利。建仓时，价差 = 9 780 - 9 710 = 70（元/吨），因此价差小于 70 元/吨即盈利。选项 A、B、C 价差均小于 70 元/吨。

93. ABCD 【解析】期转现的交易流程：①寻找交易对手。②交易双方商定价格。③向交易所提出申请。④交易所核准。⑤办理手续。⑥纳税。

94. BD 【解析】看跌期权是指期权的买方向卖方支付一定数额的期权费后，便拥有了在合约有效期内或特定时间，按执行价格向期权卖方出售一定数量标的物的权利，但不负有必须出售的义务。

95. ABCD 【解析】以上四个选项均为套期保值操作中面临的风险。

96. AC 【解析】卖出看跌期权的目的包括：①获得价差收益或权利金收益。②对冲标的资产空头。③低价买进标的资产。

97. ABC 【解析】权益类期权包括股票期权、股指期权，以及股票与股票指数的期货期权。选项 C 属于股票期权中的一种。

98. AB 【解析】无套利区间应为 $\{S(t)[1+(r-d)\times(T-t)/365]-TC, S(t)[1+(r-d)\times(T-t)/365]+TC\}$。

99. AC 【解析】担心利率下降时，可以通过买入套期保值。故选项 A、C 正确。

100. ACD 【解析】公式，当日盈亏 = 平仓盈亏 + 持仓盯市盈亏，其中，平仓盈亏 = 平历史仓盈亏 + 平当日仓盈亏，持仓盯市盈亏 = 历史持仓盈亏 + 当日持仓盈亏，选项 A、C、D 均符合题意。

三、判断题

101. A 【解析】题干表述正确。

102. B 【解析】棉花大幅增产，该交易者会担心棉花市场价格下跌，因而有可能进行卖出棉花期货合约的交易。

103. A 【解析】会员大会是会员制期货交易所的权力机构，由全体会员组成。

104. B 【解析】机构投机者是指用自有资金或者从分散的公众手中筹集的资金专门进行期货投机活动的机构。个人投机者则是指以自然人身份从事期货投机交易的投机者。

105. A 【解析】上海期货交易所上市交易的主要品种有铜、铝、锌、铅、螺纹钢、线材、天然橡胶、黄金、燃料油期货等。

106. A 【解析】理论上，期货价格和现货价格之间的价差主要反映持仓费的大小。但现实中，期货价格与现货价格的价差并不绝对等同于持仓费，有时高于或低于持仓费。当价差与持仓费出现较大偏差时，就会产生期现套利机会。

107. B 【解析】看跌期权的买方在行权后向期权的卖方出售一定数量的标的物，所以应该是空头。

108. A 【解析】盈亏完全冲抵是一种理想化的情形，现实中两者变动幅度并不完全一致，从而影响套期保值的效果，导致不完全套期保值或非理想套期保值。

109. B 【解析】场外期权的交易品种多样、形式灵活、规模巨大。

110. B 【解析】最早的金属期货交易诞生于英国。

111. A 【解析】题干表述正确。

112. B 【解析】金字塔式建仓是一种增加合约仓位的方法，即如果建仓后市场行情走势与预期相同并已使投机者获利，可增加持仓。

113. B 【解析】期货公司会员、非期货公司会员、一般客户分别适用不同的持仓限额以及持仓报告标准。

114. B 【解析】期权的买方预期标的资产价格上涨而买入购买标的资产的权利，即买权，所以买权也被称为看涨期权。标的物市场价格上涨得越多，买方行权可能性越大行权买入标的物后获取收益的可能性越大、获利可能越多。

期保值，如果基差走弱，两个市场盈亏相抵后存在净亏损。

5. B 【解析】建仓时，价差＝价格高的月份－价格低的月份，本题中建仓时价差＝8 月份价格－7 月份价格＝13 520－13 420＝100(元/吨)。选项 A 价差为 40 元/吨；选项 B 价差为 200 元/吨；选项 C 价差为－50 元/吨；选项 D 价差为－260 元/吨。因此，价差扩大的只有选项 B。

6. A 【解析】在其他因素不变的情况下，标的物市场价格的波动率越高，期权的价格也应该越高。

7. C 【解析】外汇期货卖出套期保值，又称外汇期货空头套期保值，是指在现汇市场上处于多头地位的交易者为防止汇率下跌，在外汇期货市场上卖出期货合约对冲现货的价格风险。

8. C 【解析】上证 50ETF 期权是上海证券交易所的上市品种。

9. A 【解析】当存在期价高估时，交易者可通过卖出股指期货同时买入对应的现货股票进行套利交易，这种操作称为“正向套利”。

10. C 【解析】98－15 代表的价格为：98＋15/32＝98.468 75(美元)；对应的合约价值为 98.468 75×100 000/100＝98 468.75(美元)。

11. C 【解析】股票由于不是有形商品，故不存在储存成本，其持有成本由资金占用成本和持有期内可能得到的股票分红红利两部分组成。其中股票分红红利是持有资产的收入，当将其看作成本时，只能是负值成本。资金占用成本减去持有期内股票分红红利，可得到净持有成本。

12. A 【解析】在下降趋势线的下侧，说明未来价格有下降的趋势，因此卖出是正确的选择。

13. D 【解析】道琼斯工业平均指数由 30 只股票组成。

14. B 【解析】如果看涨期权的卖方要对冲了结其期权头寸，应买入相同期限、相同月份且执行价格相同的看涨期权。

15. A 【解析】9 月份天然橡胶期货盈利＝29 250－28 175＝1 075(元/吨)；11 月份天然橡胶期货盈利＝28 550－29 550＝－1 000(元/吨)，所以盈利为 75 元/吨。

16. B 【解析】点价交易是指以某月份的期货价格为计价基础，以期货价格加上或减去双方协商同意的升贴水来确定双方买卖现货商品价格的交易方式。

17. B 【解析】本题中，该饲料厂进行的是买入套期保值。3 月初，基差＝2 000－2 060＝－60(元/吨)；5 月中旬，基差＝2 080－2 190＝－110(元/吨)；基差走弱 50 元/吨，买入套期保值，基差走弱，则套期保值效果为：不完全套期保值，两个市场盈亏相抵后存在净盈利。

18. A 【解析】实值期权是执行价格低于标的物市场价格的看涨期权和执行价格高于标的物市场价格的看跌期权。

19. A 【解析】涨跌停板制度是指期货合约在一个交易日中的价格波动幅度不得高于或者低于规定的涨跌幅度。

20. D 【解析】题干描述的是期货市场规避风险的功能。

21. B 【解析】卖出套期保值又称空头套期保值，是指套期保值者通过在期货市场建立空头头寸，预期对冲其目前持有的或者未来将卖出的商品或资产的价格下跌风险的操作。

22. B 【解析】在正向市场上，远月份的期货合约价格大于近月份的期货合约价格，因此在该题目中，7 月份菜籽油期货合约的价格高于 5 月份菜籽油期货合约的价格。限价指令是以该价位或更优的价位成交。卖出 7 月份，买进 5 月份的合约，是属于牛市套利，在正向市场上相当于是卖出套利，只有在价差缩小时才能盈利，因此应该以更高的价差成交，以等待价差变小。故应该以 100 元/吨或高于 100 元/吨的价差成交。

23. C 【解析】期权的时间价值又称外涵价值，是指在权利金中扣除内涵价值的剩余部分。它是期权有效期内标的资产价格波动为期权持有者带来收益的可能性所隐含的价值。

24. B 【解析】芝加哥商业交易所(CME)的 3 个月欧洲美元期货合约的交割方式为现金交割。

25. B 【解析】对于股指期货来说，当出现期价低估时，交易者可通过买入股指期货的同时卖出对应的现货股票进行套利，这种操作称为“反向套利”。

26. C 【解析】波浪理论中一个完整的价格周期要经过 8 个过程，上升周期由 5 个上升过程(上升浪)和 3 个下降调整过程(调整浪)组成，下跌周期由 5 个下跌过程(下跌浪)和 3 个上升过程(调整浪)组成。

27. A 【解析】

<table>
<tr><td>9 月 15 日</td><td>卖出 10 手 1 月份小麦合约，价格为 950 美分/蒲式耳</td><td>买入 10 手 1 月份玉米合约，价格为 325 美分/蒲式耳</td><td>价差 625 美分/蒲式耳</td></tr>
<tr><td>9 月 30 日</td><td>买入 10 手 1 月份小麦合约，价格为 935 美分/蒲式耳</td><td>卖出 10 手 1 月份玉米合约，价格为 350 美分/蒲式耳</td><td>价差 585 美分/蒲式耳</td></tr>
<tr><td>每笔盈亏</td><td>盈利 15 美分/蒲式耳</td><td>盈利 25 美分/蒲式耳</td><td>价差缩小 40 美分/蒲式耳</td></tr>
<tr><td>总盈亏情况</td><td colspan="3">净盈利＝15×50 000＋25×50 000＝2 000 000(美分)＝20 000(美元)</td></tr>
</table>

28. A 【解析】当期货价格高于现货价格或者远期期货合约价格高于近期期货合约时，这种市场状态称为正向市场，此时基差为负值。当现货价格高于期货价格或者近期期货合约价格高于远期期货合约时，这种市场状态称为反向市场，或者逆转市场、现货溢价，此时基差为正值。基差＝现货价格－期货价格＝1 700－1 640＝60(元/吨)，基差为正值，所以该市场是反向市场。

(64 - 62.5,0) = 1.5(港元)。

128. A 【解析】报价为 95 - 160 的 30 年期国债期货合约的价值为 95 × 1 000 + 31.25 × 16 = 95 500(美元);报价为 96 - 020 的 10 年期国债期货合约的价值为 96 × 1 000 + 31.25 × 2 = 96 062.5(美元)。

129. C 【解析】由题意可知,期转现后,甲实际购入小麦价格 = 1 200 - (1 240 - 1 100) = 1 060(元/吨),乙实际销售小麦价格 = 1 200 + (1 300 - 1 240) = 1 260(元/吨)。如果双方不进行期转现,则甲按建仓价 1 100 元/吨购入小麦,乙按照建仓价 1 300 元/吨销售小麦,扣除交割成本 60 元/吨,实际售价为 1 240 元/吨。比较可知,甲期转现操作的实际采购成本 1 060 元/吨比实物交割成本 1 100 元/吨低 40 元/吨;乙期转现操作后的实际售价 1 260 元/吨比实物交割的实际售价 1 240 元/吨高 20 元/吨,期转现给双方带来的好处总和为 60 元/吨。故选 C。

130. B 【解析】当标的资产价格小于等于执行价格时,看涨期权买方不行使期权,其最大损失为权利金。

131. A 【解析】资金占用成本为 = 1 000 000 × 12% × 3/12 = 30 000(元);红利本息和为 = 10 000 + 10 000 × 12% × 1/12 = 10 100(元);净持有成本为 = 30 000 - 10 100 = 19 900(元)。合理价格(期值) = 现在的价格(现值) + 净持有成本 = 1 000 000 + 19 900 = 1 019 900(元)。

132. D 【解析】该投资者此时执行期权,行权损益 = 标的资产卖价 - 执行价格 - 权利金 = (9 700 - 9 500 - 50) × 10 = 1 500(美元)。

133. D 【解析】5 月 20 日价差 = 17 020 - 16 950 = 70(元/吨);7 月 20 日价差 = 17 030 - 17 010 = 20(元/吨);价差变化 = 70 - 20 = 50(元/吨),即价差缩小了 50 元/吨。

134. B 【解析】熊市套利策略是买进远期合约同时卖出近期合约。选项 A 盈利为:(2.35 - 2.40) + (2.35 - 2.40) = -0.1(美元/蒲式耳);选项 B 盈利为:(2.35 - 2.30) + (2.35 - 2.40) = 0(美元/蒲式耳);选项 C 盈利为:(2.35 - 2.40) + (2.40 - 2.40) = -0.05(美元/蒲式耳);选项 D 盈利为:(2.35 - 2.30) + (2.45 - 2.40) = 0.1(美元/蒲式耳)。因此,选项 B 使得交易者净收益持平。

135. C 【解析】该交易者的净收益 = (21 840 - 21 670) × 50 × 3 - 25 × 2 × 3 = 25 350(港元)。

136. D 【解析】选项 B,实物交收价格 = 14 800 - 150 = 14 650(元/吨);选项 C,结束套期保值交易时的基差 = 14 650 - 14 800 = -150(元/吨);选项 A,-150 - (-250) = 100(元/吨),基差走强 100 元/吨,不完全套期保值,且有净盈利;选项 D,实际售价 = 14 650 + (16 600 - 14 800) = 16 450(元/吨)。

137. C 【解析】投资者盈利:(1.212 - 1.3432) × 1 000 000 + (1.3450 - 1.2101) × 1 000 000 = 3 700(美元)。

	即期市场	外汇市场
3 月 1 日	购买,100 万欧元,1.343 2	卖出,100 万欧元,1.345 0
6 月 1 日	1.212 0	1.210 1
盈亏	(1.212 0 - 1.343 2) × 1 000 000 = -131 200(美元)	(1.345 0 - 1.210 1) × 1 000 000 = 134 900(美元)
净损益	(1.212 0 - 1.343 2) × 1 000 000 + (1.345 0 - 1.210 1) × 1 000 000 = 3 700(美元)	

138. C 【解析】芝加哥商业交易所的 3 个月欧洲美元期货合约的最小变动价位为 1/4 个基点(1 个基点是指数的 1%,即 0.01,代表的合约价值为 1 000 000 × 0.01% × 3/12 = 25 美元)。题中投资者低买高卖收益为 50 点/手(97.8 - 97.3 = 0.5),即总盈利 25 × 50 × 10 = 12 500(美元),其中每手盈利 1 250 美元。

139. C 【解析】4 月初基差 = 300 - 305 = -5(元/克),7 月初基差 = 318 - 325 = -7(元/克),买入套期保值,基差走弱,实现净盈利 2 元/克。期货市场盈利 = 325 - 305 = 20(元/克),黄金实际买入价格 = 318 - 20 = 298(元/克)。

140. B 【解析】买方实际购入大豆价格 = 4 310 - (4 360 - 4 200) = 4 150(元/吨),卖方实际销售价格 = 4 310 + (4 400 - 4 360) = 4 350(元/吨)。如果双方不进行期转现而在期货合约到期时实物交割,则买方按开仓价 4 200 元/吨购入大豆;卖方按开仓价 4 400 元/吨销售大豆,设交割成本为 X,实际售价为 $(4\ 400 - X)$ 元/吨。若使双方都有利,卖方期转现操作的实际售价 4 350 元/吨应大于实物交割的实际售价 $(4\ 400 - X)$ 元/吨,即 $4\ 350 > (4\ 400 - X)$,解得 $X > 50$。

《期货及衍生品基础》真题试卷(五)~(六)参考答案及解析(见软件)

《期货及衍生品基础》押题试卷(一)参考答案及解析

一、单项选择题

1. D 【解析】规范的现代期货市场 19 世纪中期产生于美国芝加哥。

2. C 【解析】理事会是会员大会的常设机构,对会员大会负责,执行会员大会决议。

3. A 【解析】期货合约的标准化给期货交易带来极大的便利,交易双方不需要事先对交易的具体条款进行协商,从而节约了交易成本,提高了交易效率和市场流动性。

4. B 【解析】基差从 -30 到 -50,即走弱 20。进行卖出套

47. C 【解析】该投资者在正向市场进行牛市套利，实质上是卖出套利，而卖出套利获利的条件是价差要缩小。价差越小，盈利越大。

48. A 【解析】套期保值是指在期货市场上买进或卖出与现货数量相等但交易方向相反的期货合约，在未来某一时间通过卖出或买进期货合约进行对冲平仓，从而在期货市场和现货市场之间建立一种盈亏冲抵的机制（可能是用期货市场的盈利来弥补现货市场亏损，也可能是用现货市场盈利来弥补期货市场亏损），最终实现期货市场和现货市场盈亏大致相抵。

49. A 【解析】期货交易有实物交割与对冲平仓两种履约方式，其中绝大多数期货合约都是通过对冲平仓的方式了结的。远期交易履约方式主要采用实物交收方式，虽然也可采用背书转让方式，但最终的履约方式是实物交收。

50. A 【解析】金字塔式增仓应遵循以下两个原则：①只有在现有持仓已盈利的情况下，才能增仓。②持仓的增加应渐次递减。金字塔式建仓的特点是将不断买入（卖出）的期货合约的平均价格保持在较低（高）水平。

51. C 【解析】商品基金经理（CPO）是基金的主要管理人，是基金的设计者和运作的决策者，负责选择基金的发行方式，选择基金主要成员，决定基金投资方向等。所以支付给 CPO 的费用即管理费。

52. A 【解析】期货经纪商的简称是 FCM；交易经理的简称是 TM；商品基金经理的简称是 CPO。

53. D 【解析】题干描述的是商品投资基金。

54. D 【解析】纽约商业交易所（NYMEX）和位于伦敦的洲际交易所（ICE）是世界上最具影响力的能源期货交易所。

55. A 【解析】股指期货进行买入套期保值的主要情形：投资者在未来计划持有股票组合，担心股市大盘上涨而使购买股票组合成本上升。买卖期货合约数 = 现货总价值/（期货指数点 × 每点乘数）× β 系数 = 90 000 000/（3 000 × 300）× 1.2 = 120（份）。所以，应选选项 A，买入 120 份。

56. B 【解析】该投机者所做的操作都是买入期货合约，那么期货合约价格越高平仓时获利越大。

57. D 【解析】交易保证金是指结算会员存入交易所专用结算账户中确保合约履行的资金，是已被合约占用的保证金。

58. C 【解析】道氏理论将市场波动分为主要趋势、次要趋势和短暂趋势。趋势的反转点是确定投资的关键。

59. D 【解析】进行买入套期保值，如果基差走强，两个市场盈亏相抵后存在净亏损，它将使套期保值者承担基差变动不利的风险，其价格与预期价格相比要略差一些。

60. C 【解析】沪深 300 指数期货合约最低保证金标准为交易合约价值的 8%。

二、多项选择题

61. ABCD 【解析】考查利率期货的品种。选项 A、B 为短期利率期货，选项 C、D 为中长期利率期货。

62. BC 【解析】标的物市场价格下跌越多，买方行权可能性越大，行权卖出标的物后获取收益的可能性越大，获得可能越多。标的资产价格波动率越大，波动幅度越大，看涨和看跌期权的多头越有利，期权价格越高。

63. ABD 【解析】买入套期保值基差走弱时才能盈利。反向市场转为正向市场是基差由正变负也是属于基差走弱的情况。

64. BC 【解析】交易者通过对标的资产价格变动趋势的分析，认为标的资产价格会下跌，或窄幅整理，可卖出看涨期权，收取一定数额的权利金。如果交易者认为标的资产价格有较大幅度下跌的可能，则可以考虑买进看跌期权策略。如果标的资产价格下跌，看跌期权的价格会上涨，交易者可将期权卖出平仓获利；如果标的资产价格不跌反涨，期权价格会下跌，看跌期权也不会被执行，买方最大损失为支付的期权费；交易者也可将看跌期权卖出平仓，以减少权利金损失。

65. BCD 【解析】期货结算机构的主要职能包括担保交易履约、结算交易盈亏和控制市场风险。

66. AD 【解析】利率期货买入套期保值者在期货市场买入利率期货合约，目的是对冲市场利率下降为其带来的风险。

67. ABD 【解析】选项 C，两者均是在交易所内交易。

68. AD 【解析】场内期权有结算机构提供履约保证；场外期权的交易品种多样、形式灵活、规模巨大。

69. CD 【解析】当期货价格高于现货价格或者远期期货合约价格高于近期期货合约价格时，这种市场状态称为正向市场。

70. ABCD 【解析】期货公司对营业部实行"四统一"。所谓"四统一"是指期货公司应当对营业部实行统一结算、统一风险管理、统一资金调拨、统一财务管理和会计核算。期货公司可根据需要设置不同规模的营业部。

71. ABC 【解析】卖出看涨期权的目的包括获取权利金收入或权利金价差收益、增加标的资产多头的利润等。

72. AC 【解析】集合竞价采用最大成交量原则，即以此价格成交能够得到最大成交量。高于集合竞价产生的价格的买入申报全部成交；低于集合竞价产生的价格的卖出申报全部成交；等于集合竞价产生的价格的买入或卖出申报，根据买入申报量和卖出申报量的多少，按少的一方的申报量成交。

73. ABCD 【解析】黄金和白银期货是上海期货交易所的交易品种，棉花期货是郑州商品交易所的交易品种，沪深 300 股指期货是中国金融期货交易所的交易品种。

74. BC 【解析】建仓时应注意，只有在市场趋势已明确上涨时，才买入期货合约；在市场趋势已明确下跌时，才卖出期货合约。选项 B、C 都将刺激价格上涨。

17. D 【解析】适合做外汇期货买入套期保值的情形之一，外汇短期负债者担心未来货币升值。

18. D 【解析】卖出看涨期权履约损益 = 执行价格 - 标的资产买价 + 权利金。

19. C 【解析】涨跌停板制度又称每日价格最大波动限制制度，即期货合约在一个交易日中的交易价格波动不得高于或者低于规定的涨跌幅度，超过该涨跌幅度的报价将被视为无效报价，不能成交。

20. C 【解析】当会员或客户某品种持仓合约的投机头寸达到交易所对其规定的投机头寸持仓限量80%以上（含本数）时，会员或客户应向交易所报告其资金情况、头寸情况等，客户须通过期货公司会员报告。

21. D 【解析】买入近期合约为牛市套利，又在正向市场上进行，实质上是卖出套利，只有当价差缩小时获利。因此价差应该小于0.23美元。

22. A 【解析】当标的物市场价格大于或等于执行价格时，看跌期权买方不行使期权，其最大损失为权利金。

23. D 【解析】涨停板为上一交易日结算价的4%。下一交易日该豆粕期货合约的涨停板 $= 2\,997 \times (1 + 4\%) = 3\,116.88$（元/吨），最小变动价位为1元，故涨停板价格为3116。

24. B 【解析】目前，我国设计的期权都是欧式期权。上海证券交易所个股期权合约的行权方式是欧式的。

25. B 【解析】当市场出现供给过剩，需求相对不足时，一般来说，较近月份的合约价格下降幅度要大于较远月份合约价格的下降幅度，或者较近月份的合约价格上升幅度小于较远月份合约价格的上升幅度。无论是在正向市场还是在反向市场，在这种情况下，卖出较近月份的合约同时买入较远月份的合约进行套利，盈利的可能性比较大，我们称这种套利为熊市套利。

26. D 【解析】1982年2月，美国堪萨斯期货交易所（KCBT）开发了价值线综合指数期货合约，使股票价格指数也成为期货交易的对象。

27. A 【解析】只有当新的买入者和卖出者同时入市时，持仓量增加。

28. B 【解析】期货交易的对象是交易所统一制定的标准化期货合约，期货合约的商品品种、数量、质量、等级、交货时间、交货地点等条款都是既定的，是标准化的，唯一的变量是价格，交易双方不用再为合约条款进行逐一商谈。

29. B 【解析】对于同一种商品来说，在现货市场和期货市场同时存在的情况下，在同一时空内会受到相同的经济因素的影响和制约，因而一般情况下两个市场的价格变动趋势相同，并且随着期货合约临近交割，现货价格与期货价格趋于一致。

30. C 【解析】普通投机交易在一段时间内只做买或卖，套利者是在同一时间在不同合约之间或不同市场之间进行相反方向的交易，同时扮演多头和空头的双重角色。

31. A 【解析】选项A，通过期货交易形成的价格具有预期性、连续性、公开性和权威性，不具有周期性。

32. B 【解析】1882年，交易所允许以对冲方式免除履约责任，而不必交割实物。

33. B 【解析】棕榈油交易单位为10吨/手，盈亏情况 $= (8\,600 - 8\,670) \times 50 \times 10 = -35\,000$（元）。

34. D 【解析】基差 = 现货价格 - 期货价格 $= 6\,500 - 6\,450 = 50$（元/吨）。

35. A 【解析】上证50ETF期权的交割方式一般是实物交割。

36. A 【解析】标的物的市场价格越低，对看跌期权的买方越有利。

37. B 【解析】题干描述的是期货居间人。

38. A 【解析】在正向市场中，期货价格大于现货价格，基差为负。随着农产品的大量上市，期货和现货之间的差额减少，基差变大。

39. A 【解析】如果套利者预期两个或两个以上期货合约的价差将扩大，则套利者可以买入其中价格较高的合约，同时卖出价格较低的合约，即买入套利。

40. A 【解析】在现代市场经济条件下，期货交易所已成为具有高度系统性和严密性、高度组织化和规范化的交易服务组织。期货交易所致力于创造安全、有序、高效的市场机制，以营造公开、公平、公正和诚信透明的市场环境与维护投资者的合法权益为基本宗旨。

41. D 【解析】期货投机交易是以赚取价差收益为目的；套期保值者是在现货市场与期货市场上同时操作，以期达到对冲现货市场价格风险的目的；套期保值者是通过期货市场转移现货市场价格风险。

42. B 【解析】菜籽油是郑州商品交易所的。线型低密度聚乙烯、焦炭是大连商品交易所的。

43. D 【解析】该合约的价值 $= 98 \times 1\,000 + 17.5 \times 31.25 \approx 98\,546.88$（美元）。

44. B 【解析】直接标价法是指以本币表示外币的价格，即以一定单位（1个、100个或1 000个单位）的外国货币作为标准，折算为一定数额本国货币的标价方法。

45. D 【解析】期货交易和远期交易的区别包括交易对象不同、功能作用不同、履约方式不同、信用风险不同和保证金制度不同。远期交易是期货交易的雏形，期货交易是在远期交易的基础上发展起来的。

46. D 【解析】期货的套期保值是指企业通过持有与其现货市场头寸相反的期货合约，或将期货合约作为其现货市场未来要进行的交易的替代物，以期对冲价格风险的方式。

示最高价与开盘价之间的价差；收盘价高于开盘价为阳线。

76. BCD 【解析】β系数显示股票的价值相对于市场价值变化的相对大小，也称为股票的相对波动率。β系数大于1，说明股票比市场整体波动性高，因而其市场风险高于平均市场风险；β系数小于1，说明股票比市场整体波动性低，因而其市场风险低于平均市场风险。

77. BC 【解析】基差 = 现货价格 - 期货价格。

78. ACD 【解析】国际市场较有代表性的长期利率期货品种：CME 的2年期、3年期、5年期、10年期的美国中期国债（T - Notes）期货和美国长期国债（T - Bonds）期货；伦敦国际金融期货交易所的2年期德国国库券期货、10年期德国政府债券期货和英国政府债券期货；CME 的利率互换期货有 5 - Year、10 - Year、20 - Year、30 - Year USD MAC Swap Futures；EUREX 的利率互换期货是 Euro - Swap Futures。

79. ABCD 【解析】商品期货合约交割月份的确定，一般受该合约标的商品的生产、使用、储藏、流通等方面的特点影响。

80. ABCD 【解析】一方面，各国交易所积极吸引外国投资者参与本国期货交易；另一方面，各国交易所纷纷上市以外国金融工具为标的的期货合约。具体措施：①各交易所在国外设立分支机构，积极吸纳外国会员。②开设夜盘交易延长交易时间，便于外国客户参与。

81. ABC 【解析】集合竞价采用最大成交量原则，即以此价格成交能够得到最大成交量。高于集合竞价产生的价格的买入申报全部成交；低于集合竞价产生的价格的卖出申报全部成交；等于集合竞价产生的价格的买入或卖出申报，根据买入申报量和卖出申报量的多少，按少的一方的申报量成交。

82. ABC 【解析】期货价格是在交易所内通过公开竞价方式形成的，买卖双方并没有面对面的协商。

83. AB 【解析】期货结算机构与期货交易所根据关系不同，一般可分为两种形式：①结算机构是某一交易所的内部机构。②结算机构是独立的结算公司。

84. ABD 【解析】在公司制期货交易所内进行期货交易，使用期货交易所提供的交易设施，必须获得会员资格。

85. BC 【解析】个人开立期货账户，对净资产没有要求。选项 D 是个人参与期权交易应符合的条件。

86. CD 【解析】无论是在正向市场还是在反向市场，卖出较近月份的合约同时买入较远月份的合约进行套利，盈利的可能性比较大，我们称这种套利为熊市套利。

87. BD 【解析】对冲基金和商品投资基金是两类重要的机构投资者。

88. BCD 【解析】ISDA 主协议适用的场外利率期权产品包括利率上限期权、利率下限期权、利率双限期权及其组合产品。

89. ABC 【解析】选项 A，随着合约持仓量的增大，交易所将逐步提高该合约的交易保证金比例，以控制市场风险。选项 B 交易保证金比率随着交割临近而提高。选项 C，当某期货合约出现连续涨跌停板时，交易保证金比例相应提高。

90. ABD 【解析】影响市场利率以及利率期货价格的主要因素包括政策因素、经济因素、全球主要经济体利率水平及其他因素。

91. CD 【解析】期货行情分析方法主要分为基本分析法和技术分析法两种。基本分析法适用于分析价格变动的中长期趋势。而基本分析法需要从需求和供给两方面分别进行阐述。

92. AB 【解析】在不考虑交易费用的情况下，权利金与内涵价值的差总是大于0，由于时间价值 = 权利金 - 内涵价值，所以期权的时间价值不应该高于期权的权利金；处于实值状态的欧式期权的时间价值可能小于0。

93. AB 【解析】期权盈亏平衡点是标的资产的某一市场价格，该价格使得执行期权获得收益等于付出成本（权利金）。对于看跌期权而言，执行期权收益 = 执行价格 - 标的资产价格，而盈亏平衡点应满足：执行价格 - 盈亏平衡点 = 权利金，则盈亏平衡点 = 执行价格 - 权利金。

94. ABD 【解析】选项 C，期权的内涵价值总是大于等于0

95. AC 【解析】期转现交易双方交换的仓单不一定是标准仓单。期转现比“平仓后购销现货”更便捷，因为前者可以在确定期货平仓价格的同时，确定相应的现货买卖价格，而后者要面临期货平仓价格和现货价格的波动风险。

96. AB 【解析】期货期权，看涨期权的卖方履约时，按照执行价格将标的期货合约卖给对手，成为期货空头；看跌期权卖方履约时，按照执行价格从对手手中买入标的期货合约，成为期货多头。

97. ABCD 【解析】股指期货合约以指数点报价。沪深300股指期货的交易指令分为市价指令、限价指令及交易所规定的其他指令。交易指令每次最小下单数量为1手，市价指令每次最大下单数量为50手，限价指令每次最大下单数量为100手。

98. BCD 【解析】上海期货交易所、郑州商品交易所和大连商品交易所采取全员结算制度，中国金融期货交易所采取会员分级结算制度。

99. ABC 【解析】交易所为了能保证期货合约上市后能有效的发挥其功能，在选择标的时，一般需要考虑的条件：①规格或质量易于量化和评级。②价格波动幅度大且频繁。③供应量大，不易为少数人控制和垄断。

100. ACD 【解析】选项 A，如果价差远远高于持仓费，套利者就可以买入现货，同时卖出相关期货合约，待合约到期时，用买入的现货进行交割。选项 B，在实际操作中，可不通过交割完成期现套利，只要价差变化对其有利，便可通过将期货合约和现货头寸分别了结的方式来结束期现套利操作。

全国期货从业人员资格考试

机考题库与高频考点

期货及衍生品基础

（期货基础知识）

期货从业人员资格考试命题研究组　编著

主　　编：刘晓磊

编 委 组：（排名不分先后）

王　静　　汪中玲　　王星明

方　林　　张玉珍　　张　迪

李国光　　金玉健　　王丹婷

李夏林　　赵　敏　　黄艳宁

责任编校：陈　亚

编 校 组：（排名不分先后）

董凤莉　　周玉芹　　张莎莎

费婷婷　　胡　军　　刘云兰

中国财富出版社

真题题库 微信扫描

微信公众号：cjtkwx

目录

第一部分 真题题库

第二部分 押题试卷

第三部分 参考答案及解析

附赠：

102. B 【解析】2000 年 12 月，中国期货业协会成立，标志着中国期货行业自律管理组织的诞生，从而将新的自律机制引入监管体系。

103. B 【解析】“期货居间人”的主要职责是介绍客户，即凭借手中的客户资源和信息渠道优势为期货公司和投资者“牵线搭桥”。

104. B 【解析】收盘价指的是期货合约在当日交易中最后一笔成交价格。

105. B 【解析】期货公司及其从业人员从事期货投资咨询业务，不得利用向客户提供投资建议谋取不正当利益。

106. A 【解析】题干表述正确。

107. B 【解析】目前，我国大连商品交易所、郑州商品交易所、上海期货交易所实行全员结算制度，交易所对所有会员的账户进行结算，收取和追收保证金。中国金融期货交易所实行会员分级结算制度，其会员由结算会员和非结算会员组成，期货交易所只对结算会员结算，向结算会员收取和追收保证金；由结算会员对非结算会员进行结算，收取和追收保证金。

108. A 【解析】期货市场在微观经济中的作用：锁定生产成本，实现预期利润；利用期货价格信号，组织安排现货生产；期货市场拓展现货销售和采购渠道。

109. B 【解析】建仓时应该注意，只有在市场趋势已经明确上涨时，才买入期货合约；在市场趋势已经明确下跌时，才卖出期货合约。如果趋势不明朗，或不能判定市场发展趋势就不要匆忙建仓。

110. A 【解析】题干表述正确。

111. A 【解析】题干表述正确。

112. B 【解析】外汇短期负债者担心未来货币升值适合做外汇期货买入套期保值。

113. A 【解析】题干表述正确。

114. B 【解析】1925 年，芝加哥期货交易所结算公司（BOTCC）成立以后，芝加哥期货交易所的所有交易都要进入结算公司结算，从此，现代意义上的结算机构形成。

115. A 【解析】大豆提油套利是大豆加工商在市场价格关系基本正常时进行的，目的是防止大豆价格突然上涨，或豆油、豆粕价格突然下跌，从而产生亏损，或者将已产生的亏损降至最低。

116. B 【解析】商品交易顾问不能接受客户资金，客户资金必须以期货佣金商的名义存入客户账户。

117. A 【解析】股指期货近期合约价格大于远期合约价格时，称为逆转市场或反向市场。

118. B 【解析】跨品种套利是指利用两种或三种不同的但相互关联的商品之间的期货合约价格差异进行套利，即同时买入或卖出某一交割月份的相互关联的商品期货合约，以期在有利时机同时将这些合约对冲平仓获利。

119. B 【解析】当某合约以涨跌停板价格成交时，成交撮合实行平仓优先和时间优先原则，但平仓当日新开仓位不适用于“平仓优先”原则。

120. A 【解析】在规定的期限内，如果市场参考利率高于协定的利率上限水平，卖方向买方支付市场利率高于利率上限的差额部分；如果市场参考利率低于或等于协定的利率上限水平，则卖方无须承担任何支付义务。

四、综合题

121. A 【解析】看涨期权的内涵价值 = Max（$S-K$,0），看跌期权的内涵价值 = Max（$K-S$,0）。选项 A 的内涵价值 = 92.5 − 88.75 = 3.75（港元）。选项 B 的内涵价值 = 0（87.5 − 88.75 < 0）。选项 C 的内涵价值 = 0（88.75 − 92.5 < 0）；选项 D 的内涵价值 = 88.75 − 87.5 = 1.25（港元）。选项 A 最大，故选 A。

122. A 【解析】当日持仓盈亏 = ∑[（卖出成交价 − 当日结算价）× 合约乘数 × 卖出手数] + ∑[（当日结算价 − 买入成交价）× 合约乘数 × 买入手数] = （2 850 − 2 870）× 300 × 10 + （2 830 − 2 800）× 300 × 10 = 30 000（元）。

123. B 【解析】期权的投资收益来自于两部分：权利金收益和期权履约收益。①权利金收益 = 100 − 120 = −20（点）；②买入看跌期权，标的资产价格越低盈利越多，即 10 200 以下；卖出看跌期权最大收益为权利金，低于 10 000 点会被动履约。两者综合，价格为 10 000 点时，投资者有最大可能盈利。期权履约收益 = 10 200 − 10 000 = 200（点），合计收益 = −20 + 200 = 180（点）。

124. C 【解析】本题两次购买期权共支出权利金：500 + 300 = 800（点），该投资者持有的都是买权，当对自己不利时，可以选择不行权，因此其最大亏损额不会超过购买期权的支出。平衡点时，期权的盈利就是为了弥补这 800 点的总支出。价格高于 13 000 点时，看涨期权执行，盈亏平衡点：13 000 + 800 = 13 800（点）；价格低于 13 000 点时，看跌期权执行，盈亏平衡点：13 000 − 800 = 12 200（点）。

125. C 【解析】

1 月 15 日	卖出 3 月份小麦期货合约，价格为 488 美分/蒲式耳	买入 7 月份小麦期货合约，价格为 506 美分/蒲式耳	价差 18 美分/蒲式耳
2 月 15 日	买入 3 月份小麦期货合约，价格为 495 美分/蒲式耳	卖出 7 月份小麦期货合约，价格为 515 美分/蒲式耳	价差 20 美分/蒲式耳
套利结果	亏损 7 美分/蒲式耳	盈利 9 美分/蒲式耳	价差扩大 2 美分/蒲式耳
总盈亏情况	盈利 2 美分/蒲式耳		

126. B 【解析】基差 = 现货价格 − 期货价格，1 月中旬基差 = 3 600 − 4 350 = −750（元/吨），3 月中旬基差 = 4 150 − 4 780 = −630（元/吨），基差由 −750 到 −630，基差走强 120 元/吨。

变动。

23. B 【解析】跨市套利也称市场间套利，指在某个交易所买入(或卖出)某一交割月份的某种商品合约的同时，在另一个交易所卖出(或买入)同一交割月份的同种商品合约，以期在有利时机分别在两个交易所同时对冲所持有的合约而获利。选项B是在不同的交易所买卖相同月份相同品种的期货合约。

24. D 【解析】在我国，期货公司受现行法规约束，主要从事经纪业务，自营业务受到限制。

25. C 【解析】在正向市场进行牛市套利，实质上是卖出套利，而卖出套利获利的条件是价差要缩小。如果套利者预期两个或两个以上相关期货合约的价差将缩小，套利者可通过卖出其中价格较高的合约，同时买入价格较低的合约进行套利，我们称这种套利为卖出套利。C选项属于卖出套利。

26. D 【解析】随着第二次世界大战后布雷顿森林体系解体，20世纪70年代初国际经济形势发生急剧变化，固定汇率制被浮动汇率制取代，利率管制等金融管制政策逐渐取消，汇率、利率频繁剧烈波动，外汇风险显著增加。

27. D 【解析】沪深300股指期货合约的交易时间上午9:30—11:30，下午13:00—15:00。

28. A 【解析】企业通过套期保值，可以降低价格风险对企业经营活动的影响，实现稳健经营。

29. B 【解析】虚值看涨期权的执行价格高于其标的资产价格，因此该看涨期权为虚值期权。

30. D 【解析】交易经理受聘于CPO，主要负责帮助CPO挑选CTA，监视CTA的交易活动，控制风险，以及在CTA之间分配基金。

31. B 【解析】撮合成交价等于买入价，卖出价和前一成交价三者居中的一个价格。本题中，卖出价 > 前一成交价 > 买入价，则最新成交价 = 前一成交价 = 67 560(元/吨)。

32. C 【解析】在国际外汇市场上，日元、瑞士法郎、加元等大多数外汇的汇率都采用直接标价法。

33. C 【解析】报价从98 - 175跌至97 - 020，则下跌了1 - 155，即合约价值下跌了 $1000 \times 1 + 31.25 \times 15.5 = 1\ 484.375$(美元)，四舍五入为1 484.38美元。

34. A 【解析】1972年5月，芝加哥商业交易所(CME)设立了国际货币市场分部(IMM)，首次推出包括英镑、加元、西德马克、法国法郎、日元和瑞士法郎等在内的外汇期货合约。

35. A 【解析】期货交易与远期现货交易都属于远期交易，但是两者交易的远期合约存在着标准化与非标准化的差别。期货合约是标准化的合约，远期现货合约是非标准化的合约。

36. C 【解析】撮合成交价等于买入价、卖出价和前一成交价三者居中的一个价格。本题中，最高买入价 > 前一成交价 > 最低卖出价，则最新成交价 = 前一成交价 = 4 527(元/吨)。

37. C 【解析】商品期货以实物交割方式为主。

38. A 【解析】一般来说，如果当年年底商品存货量增加，则表示当年商品供应量大于需求量，下年的商品期货价格就有可能会下跌。

39. D 【解析】沪深300股指期货每点300元，因此交易结果 = (3 310 - 3 320) × 300 × 5 = -15 000(元)。

40. D 【解析】1982年，美国堪萨斯期货交易所上市交易价值线综合指数期货合约，标志着股指期货的诞生。

41. C 【解析】期权(Options)也称选择权，指期权的买方有权在约定的期限内，按照事先确定的价格，买入或卖出一定数量某种特定商品或金融指标的权利。

42. B 【解析】交易者预期标的资产价格上涨而买进看涨期权，买进看涨期权需支付一笔权利金。看涨期权的买方在支付权利金后，便可享有按约定的执行价格买入相关标的资产的权利，但不负有必须买进的义务，从而避免了直接购买标的资产后价格下跌造成的更大损失。

43. D 【解析】股指期货卖出套期保值是指交易者为了规避股票市场价格下跌的风险，通过在期货市场卖出股票指数期货合约的操作，而在股票市场和期货市场上建立盈亏冲抵机制。进行空头套期保值的情形主要是投资者持有股票组合，担心股市大盘下跌而影响股票组合的收益。

44. A 【解析】本题考查均衡价格。当供给不变，需求增加，供不应求会导致价格上升，因此需求曲线右移会导致均衡价格提高。

45. C 【解析】2000年3月，我国的香港联合交易所与香港期货交易所完成股份化改造，并与香港中央结算有限公司合并成立香港交易及结算所有限公司，于2000年6月以引入形式在我国的香港交易所上市。

46. C 【解析】7月份黄金期货合约收益 = 256.05 - 256.70 = -0.65(元/克)；8月份黄金期货合约收益 = 256.05 - 255.00 = 1.05(元/克)；该交易者共盈利0.40元/克。我国黄金期货合约1手 = 1 000克，则该交易者盈利 = 0.4 × 1 000 × 10 = 4 000(元)。

47. D 【解析】$F(t,T) = S(t) + S(t) \times (r - d) \times (T - t)/365$，$S(t)$ 为 t 时刻的现货指数，r 为年利息率，d 为年指数股息率，$(T - t)/365$ 表示 t 时刻至交割时的时间长度。选项A、B均为正相关，选项C为负相关。

48. D 【解析】中国金融期货交易所5年期国债期货交易合约标的为面额为100万元人民币、票面利率为3%的5年期名义标准国债，采用实物交割。

49. C 【解析】交割仓库是期货品种进入实物交割环节提供交割服务和生成标准仓单必经的期货服务机构。

50. A 【解析】买方实际购买成本 = 67 650 - (67 850

直有净盈利）

134. C 【解析】本题中，买入合约价格上涨时，可以重新设定止损单。止损单中的价格不能太接近当时的市场价格，也不能离市场价格太远。

135. A 【解析】买入套期保值，如果基差走弱，两个市场盈亏相抵后存在净盈利。该加工商的净盈利 = [-30 - (-60)] × 10 × 10 = 3 000(元)。

136. C 【解析】该策略是一种买入蝶式套利（看涨期权）的操作，它需要支付一个初始的净权利金为 2 美分/蒲式耳(16 - 9 - 9 + 4)。卖出蝶式套利（看涨期权）的最大可能亏损：270 - 260 - 2 = 8(美分/蒲式耳)。

137. D 【解析】大豆期货每手 10 吨，需交纳的保证金 = 2 040 × 15 × 10 × 5% = 15 300(元)。

138. A 【解析】8 月份合约盈亏情况：450 - 446 = 4(美元/盎司)，即获利 4 美元/盎司；7 月份合约盈亏情况：452 - 461 = -9(美元/盎司)，即亏损 9 美元/盎司；套利结果：4 - 9 = -5(美元/盎司)，即亏损 5 美元/盎司。

139. D 【解析】卖出较近月份的合约同时买入远期月份的合约进行套利盈利的可能性比较大，我们称这种套利为熊市套利。所以该投资者卖出 9 月份合约，买入 11 月份合约。选项 A 中获利 100 元。选项 B 中获利 - 100 元。选项 C 中获利 140 元。选项 D 中获利 190 元。所以，选项 D 使该投资者获利最大。

140. C 【解析】A 股票比重 = 200/500 × 100% = 40%，B 股票比重 = 200/500 × 100% = 40%，C 股票比重 = 100/500 × 100% = 20%，股票组合的 β 系数 = 40% × 1.5 + 40% × 0.5 + 20% × 1 = 1。

《期货及衍生品基础》真题试卷(二)
参考答案及解析

一、单项选择题

1. B 【解析】居间人与期货公司没有隶属关系，故选项 A 说法错误。期货公司的在职人员不得成为本公司或其他期货公司的居间人，故选项 C、D 说法错误。

2. C 【解析】中国金融期货交易所的股票指数期货合约采用现金交割方式。

3. B 【解析】假设 C 股票的 β 系数为 Y，组合 $\beta = X_1\beta_1 + X_2\beta_2 + \cdots + X_n\beta_n$ = 30% × 1.2 + 20% × 0.9 + 50% × Y = 1，因此 Y = 0.92。

4. B 【解析】基差 = 现货价格 - 期货价格。

5. C 【解析】在交易所以外采用非集中交易的非标准化期权合约被称为场外期权，也称为店头市场期权或柜台期权。在交易所进行集中交易的标准化期权合约被称为场内期权，也称为交易所期权。场外交易具有较高的流动性风险和信用风险。

6. B 【解析】该国债的实际年收益率 = 3%/(1 - 3%) × 100% ≈ 3.09%。

7. D 【解析】标准仓单经期货交易所注册后生效，可用于交割、转让、提货、质押等。

8. A 【解析】总经理对董事会负责，由董事会聘任或解聘。

9. A 【解析】本题是关于相关商品间的套利。套利者认为价差小于合理水平，如果市场机制运行正常，两者间的价差会恢复正常，因此该套利者应买入未来月份小麦合约，同时卖出未来月份玉米合约，以期在未来某个有利时机同时平仓获取利润。

10. D 【解析】该基金为回避股票组合价值下跌风险，应卖出期货合约进行套期保值。应该卖出的期货合约数量 = 300 000 000/(5 750 × 300) × 0.9 ≈ 157(张)。注意买卖期货合约数的计算公式中，是期货指数点乘以每点乘数。

11. D 【解析】套期保值的目的是规避现货价格波动风险。投机交易只在期货市场上进行。投机交易通常是对冲平仓博取价差收益，而不是实物交割。

12. A 【解析】蝶式套利的具体操作方法：买入(或卖出)较近月份合约，同时卖出(或买入)居中月份合约，并买入(或卖出)较远月份合约，其中，居中月份合约的数量等于较近月份和较远月份合约数量之和。

13. A 【解析】在正向市场中熊市套利最突出的特点是损失巨大而获利的潜力有限。

14. B 【解析】权利金盈利：- 20 - 10 = - 30(美元/吨)；由于期货合约价格上涨，执行看涨期权，则盈利：150 - 140 = 10(美元/吨)；总的盈利：- 30 + 10 = - 20(美元/吨)。

15. C 【解析】芝加哥期货交易所的英文缩写是 CBOT。

16. A 【解析】对于期货交易来说，保证金比率越低，杠杆效应就越大，高收益和高风险的特点就越明显。

17. C 【解析】半年付息一次的债券，整体现金流向前移动，导致久期较小。一年付息一次的债券久期较大。当市场利率下跌时，久期大的债券上涨幅度大，即 Y 债券上涨幅度较大。

18. C 【解析】当买卖双方有一方做平仓交易时(即换手)，持仓量不变。

19. D 【解析】期货合约是指由期货交易所统一制定的、规定在将来某一特定的时间和地点交割一定数量标的物的标准化合约。期货合约的商品品种、数量、质量、等级、交货时间、交货地点等条款都是既定的，唯一的变量是价格。

20. A 【解析】进行买入套期保值，如果基差走强，两个市场盈亏相抵后存在净亏损。

21. C 【解析】根据题意，交易者以 1 490 点买入，以 1 520 点卖出，不考虑手续费，明显是盈利的。盈利 = (1 520 - 1 490) × 250 × 4 = 30 000(美元)。

22. B 【解析】通常利率期货价格和市场利率呈反方向

对日结算价；集中交割的交割结算价是期货合约自交割月第一个交易日起至最后交易日所有成交价格的加权平均价。

56. D 【解析】保证金比率越低，期货交易的杠杆作用就越大，高收益高风险的特点就越明显。

57. D 【解析】间接标价法是以外币表示本币的价格，即以一定单位（1、100 或 1 000 个单位）的本国货币作为标准，折算为一定数额外国货币的方法。

58. B 【解析】在互补商品中，一种商品价格的上升会引起另一种商品需求量的减少。

59. C 【解析】交易结果 = (1.321 − 1.325) × 4 × 125 000 = −2 000（美元）。

60. B 【解析】看涨期权卖方能够获得的最高收益为卖出期权收取的权利金；看涨期权的卖方通过对期权合约标的物价格变动的分析，认为标的物价格会下跌，或即使上涨，涨幅也很小，可卖出看涨期权，收取一定数额的权利金。

二、多项选择题

61. ACD 【解析】会员制期货交易所不以营利为目的，故选项 B 说法错误。

62. ABD 【解析】选项 C，应是为限制交易风险或保护“空头”而买进看涨期权。

63. ABCD 【解析】选项 A、B、D 是上海期货交易所上市的交易品种，选项 C 是郑州商品交易所上市的交易品种。

64. CD 【解析】需求曲线和供给曲线同时向右移动均衡数量变大，需求曲线和供给曲线同时向左移动均衡数量变小。

65. AB 【解析】期权买方取得的是买入或者卖出的权利；期权买方在未来买卖标的物的价格是事先规定好的。

66. ACD 【解析】正是由于结算机构替代了原始对手，结算会员及其客户才可以随时对冲合约而不必征得原始对手的同意，使得期货交易的对冲平仓方式得以实施。

67. AD 【解析】金字塔式增仓应遵循两个原则：①只有在现有持仓已经盈利的情况下，才能增仓。②持仓的增加应渐次递减。

68. ABC 【解析】董事会是中国金融期货交易所才有的。

69. AD 【解析】将期指理论价格下移一个交易成本之后的价位称为“无套利区间的下界”，只有当实际的期指高于上界时，正向套利才能够获利；反之，只有当实际期指低于下界时，反向套利才能够获利。

70. BCD 【解析】对于卖出看涨期权，最大收益为所收取的全部权利金，盈亏平衡点为执行价格 + 权利金，且标的资产价格处于横盘整理或下跌，对看涨期权的卖方有利，标的资产价格越高，对期权卖方越不利。故选项 B、C、D 正确。

71. CD 【解析】按期权持有者可行使交割权利的时间可分为欧式期权和美式期权。

72. ABCD 【解析】比较典型的持续形态有三角形态、矩形形态、旗形形态和楔形形态等。

73. AD 【解析】公开喊价方式又可分为两种形式：连续竞价制和一节一价制。连续竞价制是指在交易所交易池内由交易者面对面地公开喊价，表达各自买进或卖出合约的要求。按照规则，交易者在报价时既要发出声音，又要作出手势，以保证报价的准确性。这种公开喊价有利于活跃场内气氛，维护公开、公平、公正的定价原则。计算机撮合成交方式相对于公开喊价更准确和连续。所以 A、D 正确。

74. AC 【解析】期权交易或买卖的对象是期权合约，买方支付期权费获得期权。在规定的行权期限内，买方可以行使权利买进或卖出标的资产。

75. BC 【解析】正向市场价差缩小，反向市场价差扩大，牛市套利可以获利。B、C 符合题意。

76. BCD 【解析】选项 A，促进价格发现是期货投机的作用

77. ABCD 【解析】期权多头和空头了结头寸的方式不同。期权多头可以通过对冲平仓、行权等方式将期权头寸了结，也可以持有期权至合约到期；当期权多头行权时，空头必须履约，即以履约的方式了结期权头寸；如果多头没有行权，则空头也可以通过对冲平仓了结头寸，或持有期权至合约到期。

78. ABC 【解析】套期保值效果的好坏取决于基差变动的风险，所以套期保值结果可能盈亏相抵，可能盈亏相抵后有盈利，也可能盈亏相抵后还有亏损。

79. ABCD 【解析】不管该期权是看涨期权还是看跌期权，当标的物的市场价格等于期权的执行价格时，四个选项都是正确的。

80. ABCD 【解析】考查股指期货期现套利中交易成本的知识。四个选项，都会影响到交易总成本。

81. ABCD 【解析】在分析影响市场利率和利率期货价格时，要特别关注宏观经济数据及其变化，主要包括国内生产总值、工业生产指数、消费者物价指数、生产者物价指数、零售业销售额、失业率、耐用品订单及其他经济指标等。

82. ABCD 【解析】期货市场由期货交易所、结算机构、中介与服务机构、交易者、期货监督管理机构和行业自律管理机构构成。

83. ACD 【解析】利用期货交易实现“风险对冲”须具备下列条件：①在套期保值数量选择上，要使期货与现货市场的价值变动大体相当。②在期货头寸方向的选择上，应与现货头寸相反或作为现货未来交易的替代物。③期货头寸持有时间段与现货承担风险的时间段对应。

84. ABD 【解析】期货交易所对存管银行的期货结算业务进行监督。

85. ACD 【解析】当看涨期权的执行价格高于当时的标

者则允许期权购买者在期权到期前的任何时间执行期权。

32. C 【解析】看涨期权的内涵价值 = Max$(S-K,0)$ = Max$(100-90,0)=10$(美元),期权的时间价值 = 权利金 - 内涵价值 = $13-10=3$(美元)。

33. B 【解析】尽管期货市场上存在着许多风险,由于高收益机会的存在,使得大量投机者加入这一市场。

34. D 【解析】1865 年芝加哥期货交易所开始实行保证金制度,向签约双方收取不超过合约价值 10% 的保证金,作为履约保证。这是具有历史意义的制度创新,促成了真正意义上的期货交易的诞生。

35. C 【解析】境内期货交易所会员应当是在中华人民共和国境内登记注册的企业法人或者其他经济组织。

36. D 【解析】沪深 300 指数期货合约最后交易日涨跌停板幅度为上一交易日结算价的 ±20%,每日价格波动限制为上一交易日结算价的 ±10%。

37. D 【解析】在期货市场上,套期保值者的原始动机是通过期货交易规避现货价格风险。

38. C 【解析】基差走弱时,空头套期保值将亏损。基差值为正,而且绝对值变小时基差走弱。

39. A 【解析】B、C、D 三项描述的是期货市场在微观经济中的作用。

40. A 【解析】止损单中的价格不能太接近于当时的市场价格,以免价格稍有波动就不得不平仓。但也不能离市场价格太远,否则,又易遭受不必要的损失。止损单中价格的选择可以利用技术分析法确定。

41. C 【解析】对于买入看跌期权来说,放弃执行的损失为全部权利金支出。因此,如果至到期日,该投机者放弃期权,则他的损失 $=200\times10=2\,000$(美元)。

42. B 【解析】期货交易者分为套期保值者和投机者。套期保值者利用期货交易规避价格风险;投机者利用价格波动赚取价差收益。

43. C 【解析】1972 年 5 月,芝加哥商业交易所(CME)设立了国际货币市场分部(IMM),首次推出包括英镑、加元、西德马克、法国法郎、日元和瑞士法郎等在内的外汇期货合约。

44. B 【解析】期货交易流程中,客户办理开户登记的正确程序为阅读"期货交易风险说明书"并签字确认→签署"期货经纪合同书"→申请交易编码并确认资金账号,客户在按规定足额缴纳开户保证金后,即可开始委托下单,进行期货交易。

45. C 【解析】当买入价大于、等于卖出价则自动撮合成交,撮合成交价等于买入价(bp)、卖出价(sp)和前一成交价(cp)三者中居中的一个价格,即:当 $bp\geqslant sp\geqslant cp$,则最新成交价 $=sp$;当 $bp\geqslant cp\geqslant sp$,则最新成交价 $=cp$;当 $cp\geqslant bp\geqslant sp$,则最新成交价 $=bp$。本题中,$bp\geqslant sp\geqslant cp$,则最新成交价 $=sp$,即 16 500 元/吨。

46. C 【解析】为了维护期货交易的"公开、公平、公正"原则与期货市场的高效运行,对期货市场实施有效的风险管理,期货交易所制定了相关制度与规则。主要包括保证金制度、当日无负债结算制度、涨跌停板制度、持仓限额及大户报告制度、强行平仓制度、风险警示制度、信息披露制度等基本制度。

47. C 【解析】期货市场上套期保值的效果主要是由基差的变动程度决定的。

48. B 【解析】建仓时,当远月合约的价格低于近月合约的价格,对商品期货而言,一般来说,当市场行情上涨且远月合约价格相对偏低时,若近月合约价格上升,远月合约的价格也上升,且远月合约价格上升可能更多;如果市场行情下降,则近月合约受的影响较大,跌幅很可能大于远月合约。所以,做空头的投机者宜卖出交割月份较近的近月合约,行情下跌时可获得较多利润。

49. C 【解析】在正向市场上,远月份的期货合约价格大于近月份的期货合约价格,因此在本题中,7 月份菜籽油期货合约的价格高于 5 月份菜籽油期货合约的价格。限价指令是以该价位或更优的价位成交。卖出 7 月份,买进 5 月份的合约,是属于牛市套利,在正向市场上相当于是卖出套利,只有在价差缩小时才能盈利,因此应该以更高的价差成交,以等待价差变小。故应该以 40 元/吨或高于 40 元/吨的价差成交。

50. C 【解析】我国上海期货交易所采用集中交割方式;郑州商品交易所采用滚动交割和集中交割相结合的方式,即在合约进入交割月后就可以申请交割,另外,最后交易日过后,对未平仓合约进行一次性集中交割;大连商品交易所对黄大豆 1 号、黄大豆 2 号、豆粕、豆油、玉米合约采用滚动交割和集中交割相结合的方式,对棕榈油、线型低密度聚乙烯和聚氯乙烯合约采用集中交割方式。

51. B 【解析】在正向市场上,牛市套利的损失相对有限而获利的潜力巨大。因为在正向市场进行牛市套利,实质上是卖出套利,而卖出套利获利的条件是价差要缩小。如果价差扩大的话,该套利可能会亏损,但是由于在正向市场上价差变大的幅度要受到持仓费水平的制约,因为价差如果过大超过了持仓费,就会产生套利行为,会限制价差扩大的幅度。

52. B 【解析】基差是某一特定地点某种商品或资产的现货价格与相同商品或资产的某一特定期货合约价格间的价差。用公式可简单地表示为:基差 = 现货价格 - 期货价格。

53. C 【解析】合约交割月份是指某种期货合约到期交割的月份。商品期货合约交割月份的确定一般受该合约标的商品的生产、使用、储藏、流通等方面的特点影响。

54. B 【解析】当保证金账户中的资金低于维持保证金要求时,交易者还要补交保证金,否则其部分或全部持仓将被强行平仓。

55. C 【解析】大连商品交易所滚动交割的交割结算价为配

136. 某交易者7月30日买入1手11月份小麦合约，价格为7.6美元/蒲式耳，同时卖出1手11月份玉米合约，价格为2.45美元/蒲式耳，9月30日，该交易者平仓卖出1手11月份小麦合约，价格为7.45美元/蒲式耳，同时平仓买入1手11月份玉米合约，价格为2.20美元/蒲式耳，交易所规定1手=5 000蒲式耳，则该交易者的盈亏状况为(　　)美元。

A. 盈利700　　B. 亏损700

C. 盈利500　　D. 亏损500

137. 某香港投机者5月份预测大豆期货行情会继续上涨，于是在香港期权交易所买入1手(10吨/手)9月份到期的大豆期货看涨期权合约，期货价格为2 000港元/吨，期权权利金为20港元/吨。到8月份时，9月大豆期货价格涨到2 200港元/吨，该投机者要求行使期权，于是以2 000港元/吨买入1手9月大豆期货，并同时在期货市场上对冲平仓。那么，他总共盈利(　　)港元。

A. 1 000　　B. 1 500　　C. 1 800　　D. 2 000

《期货及衍生品基础

《期货及衍生品基础》模

随书赠送智能考试题库系统，包含更多试
众号：未来财经网校或直接用微信扫描右侧的
【开始学习】—【考试题库】。智能题库激活
保存。

127. 某交易者以0.010 6(汇率)的价格出售10张在芝加哥商业交易所集团上市的执行价格为1.590 0的GBD/USD美式看涨期货期权。则该交易者的盈亏平衡点为(　　)。

A. 1.590 0　　B. 1.600 6　　C. 1.579 4　　D. 1.611 2

128. 某加工商为了避免大豆现货价格风险，在大连商品交易所做买入套期保值，买入10手期货合约建仓，基差为 -20元/吨，卖出平仓时的基差为 -50元/吨，该加工商在套期保值中的盈亏状况是(　　)。

A. 盈利3 000元　　B. 亏损3 000元

C. 盈利1 500元　　D. 亏损1 500元

129. 5月初，某公司预计将在8月份借入一笔期限为3个月、金额为200万美元的款项。当时市场利率为9.75%，由于担心利率上升，于是在期货市场以90.30点卖出2张9月份到期的3个月欧洲美元期货合约(合约面值为100万美元，1个基本点是指数的0.01点，代表25美元)。到了8月份，9月份期货合约价格跌至88.00点，该公司将其3个月欧洲美元期货合约平仓，同时以12%的利率借入200万美元。如不考虑交易费用。通过套期保值，该公司此项借款的利息支出相当于(　　)美元，其借款利率相当于(　　)%。

A. 48 500;9.7　　B. 11 500;2.425　　C. 60 000;4.85　　D. 97 000;7.275

130. 假设年利率为6%，年指数股息率为1%，6月30日为6月股指期货合约的交割日，4月1日，股票现货指数为1 450点，如不考虑交易成本，其6月股指期货合约的理论价格为(　　)点(小数点后保留两位)。

A. 1 486.47　　B. 1 537　　C. 1 468.13　　D. 1 457.03

131. 8月时，10月份的大豆期货价格为4 000元/吨，现货市场价格为3 900元/吨。持仓费用约为60元/吨，则套利者会(　　)。

A. 买入大豆现货，并买入相应10月大豆期货　　B. 买入大豆现货，并卖出相应10月大豆期货

C. 卖出大豆现货，并卖出相应10月大豆期货　　D. 卖出大豆现货，并买入相应10月大豆期货

132. 执行价格为450美分/蒲式耳的玉米看涨和看跌期权，当标的玉米期货价格为400美分/蒲式耳时，看涨期权和看跌期权的内涵价值分别为(　　)美分/蒲式耳。

A. 50; -50　　B. -50;50　　C. 0;50　　D. 0;0

133. 某交易者以23 300元/吨买入5月棉花期货合约100手，同时以23 500元/吨卖出7月棉花期货合约100手，当两合约价格分别为(　　)时，将所持合约同时平仓，该交易者是亏损的。

A. 5月23 450元/吨，7月23 400元/吨　　B. 5月23 500元/吨，7月23 600元/吨

C. 5月23 500元/吨，7月23 400元/吨　　D. 5月23 300元/吨，7月23 600元/吨

134. 某美国投资者发现欧元的利率高于美元利率，于是他决定购买50万欧元以获高息，计划投资3个月，但又担心在这期间欧元对美元贬值。为避免欧元汇价贬值的风险，该投资者利用芝加哥商业交易所外汇期货市场进行空头套期保值，每手欧元期货合约为12.5万欧元。3月1日，外汇即期市场上以EUR/USD = 1.343 2购买50万欧元，在期货市场上卖出欧元期货合约的成交价为EUR/USD = 1.345 0，6月1日，欧元即期汇率为EUR/USD = 1.212 0，期货市场上以成交价格EUR/USD = 1.210 1买入对冲平仓，则该投资者(　　)。

A. 盈利18 500美元　　B. 亏损18 500美元　　C. 盈利1 850美元　　D. 亏损1 850美元

135. 10月5日，某投资者在大连商品交易所开仓卖出大豆期货合约80手，成交价为2 220元/吨，当日结算价格为2 230元/吨，交易保证金比例为5%，则该客户当天须缴纳的保证金为(　　)元。

A. 22 300　　B. 50 000　　C. 77 400　　D. 89 200

C. 1 月 10 日，玉米现货价格为 1 710 元/吨，期货价格为 1 790 元/吨

D. 1 月 10 日，玉米现货价格为 1 710 元/吨，期货价格为 1 630 元/吨

84. 期货的品种可以分为(　　)。

A. 股指期货　　B. 外汇期货　　C. 商品期货　　D. 金融期货

85. 期货交易流程应包括(　　)。

A. 开户与下单　　B. 竞价　　C. 结算　　D. 交割

86. 期货交易的参与者众多，除会员外，还有其所代表的(　　)。

A. 商品生产者　　B. 商品销售者　　C. 进出口商　　D. 市场投机者

87. 标准仓单数量因(　　)等业务发生变化时，交易所收回原"标准仓单持有凭证"，签发新的"标准仓单持有凭证"。

A. 交割　　B. 交易　　C. 转让　　D. 注销

88. 在正向市场上，如果供给不足，需求相对旺盛，则会导致近期月份合约价格的(　　)远期月份合约，交易者可以通过买入近期月份合约的同时卖出远期月份合约而进行牛市套利。

A. 上涨幅度大于　　B. 下降幅度小于　　C. 上涨幅度小于　　D. 下降幅度大于

89. 期货市场在宏观经济中的作用有(　　)。

A. 为政府制定宏观经济政策提供参考依据

B. 锁定生产成本，实现预期利润

C. 有助于市场经济体系的建立与完善

D. 促进本国经济的国际化

90. 以下属于期货价差套利种类的有(　　)。

A. 跨期套利　　B. 跨品种套利　　C. 跨市套利　　D. 期现套利

91. 关于我国期货合约名称的描述，正确的有(　　)。

A. 注明了该合约的品种名称　　B. 注明了该合约的价值

C. 注明了该合约的上市交易所名称　　D. 注明了该合约的交割日期

92. 某交易者以 9 710 元/吨买入 7 月棕榈油期货合约 100 手，同时以 9 780 元/吨卖出 9 月棕榈油期货合约 100 手，当两合约价格为(　　)时，将所持合约同时平仓，该交易者盈利（不计手续费等费用）。

A. 7 月份合约为 9 730，9 月份合约为 9 750

B. 7 月份合约为 9 720，9 月份合约为 9 770

C. 7 月份合约为 9 750，9 月份合约为 9 740

D. 7 月份合约为 9 700，9 月份合约为 9 785

93. 期转现交易流程包括(　　)等环节。

A. 寻找交易对手　　B. 交易双方商定价格　　C. 向交易所提出申请　　D. 办理手续

94. 以下关于看跌期权的说法，正确的是(　　)。

A. 卖家收取权利金后，将承担按约定价格卖出标的资产的义务

B. 买方支付权利金后，就取得了按约定价格卖出标的资产的权利

C. 买方支付权利金后，就取得了按约定价格买入标的资产的权利

D. 卖家收取权利金后，将承担按约定价格买入标的资产的义务

95. 企业在套期保值操作上所面临的风险包括(　　)。

A. 基差风险　　B. 现金流风险　　C. 流动性风险　　D. 操作风险

73. 投资者持有一笔 6 个月后到期的短期国债,但他 3 个月后便急需一笔资金,投资者可以通过(　　)实现。

A. 买入 3 个月后到期的短期国债期货合约,3 个月后进行实物交割

B. 卖出 6 个月后到期的短期国债期货合约,3 个月后进行实物交割

C. 卖出 3 个月后到期的短期国债期货合约,3 个月后进行实物交割

D. 3 个月后卖出其持有的短期国债

74. 关于卖出看涨期权的损益(不计交易费用),以下说法正确的是(　　)。

A. 最大盈利为权利金

B. 最大亏损为权利金

C. 当执行价格大于标的资产价格时,有最大盈利

D. 当执行价格大于标的资产价格时,有最大亏损

75. 在我国,证券公司受期货公司委托从事中间介绍业务时,不能提供的服务有(　　)。

A. 代理客户进行期货交易　　B. 代理客户进行结算与交割

C. 代期货公司收付客户期货保证金　　D. 提供期货行情信息,交易设施

76. 期货期权的价格,是指(　　)。

A. 权利金

B. 是期货期权的买方为获取期权合约所赋予的权利而必须支付给卖方的费用

C. 对于期货期权的买方,可以立即获得的收入

D. 对于期货期权的卖方,可能遭受损失的最高限度

77. 下列各项中属于期权多头了结头寸的方式的是(　　)。

A. 对冲平仓　　B. 行权

C. 持有期权至合约到期　　D. 以上三个都是

78. 卖出看涨期权的目的包括(　　)。

A. 获取价差收益　　B. 获取权利金收益

C. 增加标的资产多头的利润　　D. 增加标的资产空头的利润

79. 下列商品中,价格之间有互补关系的有(　　)。

A. 菜籽油、棕榈油和豆油　　B. 汽车和汽油

C. 床屉和床垫　　D. 眼镜架和镜片

80. 期权的基本要素包括(　　)。

A. 行权方式　　B. 行权方向　　C. 期权的价格　　D. 执行价格

81. 与场内期权相比,场外期权具有如下特点(　　)。

A. 合约非标准化

B. 交易品种多样、形式灵活、规模巨大

C. 交易对手机构化

D. 流动性风险和信用风险大

82. 为避免现货价格上涨的风险,交易者可进行的操作有(　　)。

A. 买入看涨期货期权　　B. 卖出看涨期货期权　　C. 买进期货合约　　D. 卖出期货合约

83. 下列情形中,基差为 -80 元/吨的有(　　)。

A. 1 月 10 日,玉米期货价格为 1 710 元/吨,现货价格为 1 790 元/吨

B. 1 月 10 日,玉米期货价格为 1 710 元/吨,现货价格为 1 630 元/吨

C. 标的物市场价格的波动增加了期权向虚值方向转化的可能性

D. 标的物市场价格波动率越小,权利金越高

44. 预期(　　)时,投资者应考虑卖出看涨期权。

A. 标的物价格上涨且大幅波动

B. 标的物市场处于熊市且波幅收窄

C. 标的物价格下跌且大幅波动

D. 标的物市场处于牛市且波幅收窄

45. 8 月和 12 月黄金期货价格分别为 305.00 元/克和 308.00 元/克。套利者下达“卖出 8 月黄金期货和买入 12 月黄金期货,价差为 3 元/克”的限价指令,最优的成交价差是(　　)元/克。

A. 1　　B. 2　　C. 4　　D. 5

46. 某投资者欲采取金字塔卖出方式建仓,故先以 3.05 美元/蒲式耳的价格卖出 3 手 5 月玉米合约。此后价格下跌到 2.98 美元/蒲式耳,该投资者再卖出 2 手 5 月玉米合约。当(　　)该投资者可以继续卖出 1 手玉米期货合约。

A. 价格下跌至 2.80 美元/蒲式耳　　B. 价格上涨至 3.00 美元/蒲式耳

C. 价格为 2.98 美元/蒲式耳　　D. 价格上涨至 3.10 美元/蒲式耳

47. 持仓费的高低与(　　)有关。

A. 持有商品的时间长短　　B. 持有商品的风险大小

C. 持有商品的品种不同　　D. 基差的大小

48. “(　　)”是指在交易所交易池内由交易者面对面地公开喊价,表达各自买进或卖出合约的要求。

A. 交易者协商成交　　B. 连续竞价制

C. 一节一价制　　D. 计算机撮合成交

49. 根据我国股指期货投资者适当性制度,自然人申请开户时保证金账户可用资金余额不低于人民币(　　)万元。

A. 50　　B. 100　　C. 200　　D. 300

50. 下列不属于期货交易所风险控制制度的是(　　)。

A. 当日无负债结算制度　　B. 持仓限额和大户报告制度

C. 定点交割制度　　D. 保证金制度

51. 期货合约是指由(　　)统一制定的、规定在将来某一特定的时间和地点交割一定数量和质量标的物的标准化合约。

A. 期货交易所　　B. 期货公司　　C. 中国证券会　　D. 中国期货业协会

52. 能源期货始于(　　)。

A. 20 世纪 60 年代　　B. 20 世纪 70 年代

C. 20 世纪 80 年代　　D. 20 世纪 90 年代

53. 在进行蝶式套利时,投机者必须同时下达(　　)个指令。

A. 6　　B. 0　　C. 3　　D. 4

54. 下列不属于会员制期货交易所会员的基本权利的是(　　)。

A. 行使表决权、申诉权　　B. 设计期货合约

C. 在期货交易所内进行期货交易　　D. 按规定转让会员资格

55. 以下操作中属于跨市套利的是(　　)。

A. 买入 1 手 LME3 月份铜期货合约,同时卖出 1 手 3 月份上海期货交易所铜期货合约

C. 随着交割期临近或高或低　　D. 不随交割期临近而调整

36. 下列做法中符合金字塔买入投机交易特点的是(　　)。

A. 以 7 000 美元/吨的价格买入 1 手铜期货合约;价格涨至 7 050 美元/吨买入 2 手铜期货合约;待价格继续涨至 7 100 美元/吨再买入 3 手铜期货合约

B. 以 7 100 美元/吨的价格买入 3 手铜期货合约;价格跌至 7 050 美元/吨买入 2 手铜期货合约;待价格继续跌至 7 000 美元/吨再买入 1 手铜期货合约

C. 以 7 000 美元/吨的价格买入 3 手铜期货合约;价格涨至 7 050 美元/吨买入 2 手铜期货合约;待价格继续涨至 7 100 美元/吨再买入 1 手铜期货合约

D. 以 7 100 美元/吨的价格买入 1 手铜期货合约;价格跌至 7 050 美元/吨买入 2 手铜期货合约;待价格继续跌至 7 000 美元/吨再买入 3 手铜期货合约

37. 某交易者以 2 090 元/吨买入 3 月强筋小麦期货合约 100 手,同时以 2 180 元/吨卖出 5 月强筋小麦期货合约 100 手,当两合约价格为(　　)时,将所持合约同时平仓,该交易者盈利最大。

A. 3 月份价格 2 050 元/吨,5 月份价格 2 190 元/吨

B. 3 月份价格 2 060 元/吨,5 月份价格 2 170 元/吨

C. 3 月份价格 2 100 元/吨,5 月份价格 2 160 元/吨

D. 3 月份价格 2 200 元/吨,5 月份价格 2 150 元/吨

38. 2 月份到期的执行价格为 380 美分/蒲式耳的玉米期货看跌期权(A),其标的玉米期货价格为 380 美分/蒲式耳,权利金为 25 美分/蒲式耳;3 月份到期的执行价格为 380 美分/蒲式耳的玉米期货看跌期权(B),该月份玉米期货价格为 375 美分/蒲式耳,权利金为 15 美分/蒲式耳。则下列说法不正确的有(　　)。

A. A 期权的内涵价值等于 0

B. A 期权的时间价值等于 25 美分/蒲式耳

C. B 期权的时间价值等于 10 美分/蒲式耳

D. B 期权为虚值期权

39. 卖出看跌期权的最大盈利为(　　)。

A. 无限　　B. 执行价格　　C. 所收取的权利金　　D. 执行价格 - 权利金

40. 沪深 300 股指期货合约的最小变动价位是(　　)点。

A. 1　　B. 0.2　　C. 0.1　　D. 0.01

41. 在基本面分析法中不被考虑的因素是(　　)。

A. 总供给和总需求的变动　　B. 期货价格的近期走势

C. 国内国际的经济形势　　D. 自然因素和政策因素

42. 7 月 30 日,某套利者卖出 10 手堪萨斯交易所 12 月份小麦期货合约,同时买入 10 手芝加哥期货交易所 12 月份小麦期货合约,成交价格分别为 1 250 美分/蒲式耳和 1 260 美分/蒲式耳。9 月10 日,该投资者同时将两个交易所的小麦期货合约平仓,平仓价格分别为 1 240 美分/蒲式耳、1 255 美分/蒲式耳。则该套利者(　　)(1 手 =5 000 蒲式耳)。

A. 盈利 5 000 美元　　B. 亏损 5 000 美元

C. 盈利 2 500 美元　　D. 盈利 250 000 美元

43. 关于标的物价格波动率与期权价格的关系(假设其他因素不变),以下说法正确的是(　　)。

A. 标的物市场价格的波动率越高,期权卖方的市场风险会随之减少

B. 标的物市场价格波动率越大,权利金越高

第二部分　押题试卷

《期货及衍生品基础》押题试卷(一)

答题卡

本试卷采用虚拟答题卡技术，自动评分

考生扫描右侧二维码，将答题选项填入虚拟答题卡中，题库系统可自动统计答题得分，生成完整的答案及解析。题库系统根据考生答题数据，自动收集整理错题，记录考生薄弱知识点，方便考生在题库系统中查漏补缺。

一、单项选择题(共60题,每小题0.5分,共30分,以下备选项中只有一项最符合题目要求,不选、错选均不得分)。

1. 现代意义上的期货市场产生于19世纪中期的(　　)。

A. 法国巴黎　　B. 英国伦敦　　C. 荷兰阿姆斯特丹　　D. 美国芝加哥

2. 会员制期货交易所会员大会的常设机构是(　　)。

A. 股东大会　　B. 董事会　　C. 理事会　　D. 监事会

3. 关于期货合约的标准化,说法不正确的是(　　)。

A. 减少了价格波动　　B. 降低了交易成本　　C. 简化了交易过程　　D. 提高了市场流动性

4. 某玉米经销商在大连商品交易所做玉米卖出套期保值,建仓时基差为-30元/吨,平仓时为-50元/吨,则该套期保值的效果是(　　)(不计手续费等费用)。

A. 存在净盈利　　B. 存在净亏损　　C. 刚好完全相抵　　D. 不确定

5. 某套利者在4月1日买入7月铝期货合约的同时卖出8月铝期货合约,价格分别为13 420元/吨和13 520元/吨,持有一段时间后,价差扩大的情形是(　　)。

A. 7月期货合约价格为13 460元/吨,8月份期货合约价格为13 500元/吨

B. 7月期货合约价格为13 400元/吨,8月份期货合约价格为13 600元/吨

C. 7月期货合约价格为13 450元/吨,8月份期货合约价格为13 400元/吨

D. 7月期货合约价格为13 560元/吨,8月份期货合约价格为13 300元/吨

6. 在其他因素不变的情况下,下列关于标的物价格波动幅度与期权价格关系的说法,正确的是(　　)。

A. 标的物价格波动幅度越大,期权的价格越高

B. 标的物价格波动幅度越小,期权的价格越高

C. 标的物价格波动幅度越大,实值期权的价格越高,虚值期权价格越低

D. 标的物价格波动幅度越大,看涨期权的价格越高,看跌期权价格越低

7. 对于美国投资者来说,外汇空头套期保值是指(　　),为防止外币贬值,而在外汇期货市场上做一笔相应的空头交易。

A. 期汇市场上处于多头地位的交易者　　B. 期汇市场上处于空头地位的交易者

C. 现汇市场上处于多头地位的交易者　　D. 现汇市场上处于空头地位的交易者

8. 上证50ETF期权是(　　)的上市品种。

A. 中国金融期货交易所　　B. 上海期货交易所

C. 上海证券交易所　　D. 深圳证券交易所

103. 企业在参与期货套期保值之前，需要结合自身情况进行评估，以判断是否有套期保值需求，以及是否具备实施套期保值操作的能力。（ ）

104. 所谓展期，是指在远月合约和近月合约上同时进行相反方向开仓的行为。（ ）

105. 通常，随着交割月份的临近，期货交易所收取的保证金的比率会逐渐降低。（ ）

106. 纽约商业交易所 WTI 原油期货价格季节性波动的原因，主要是受原油消费的季节性特征和飓风等影响。（ ）

107. 会员结算准备金余额小于零，并未能在规定时限内补足的，期货交易所应对会员部分或全部持仓强行平仓。（ ）

108. 股指期货的远期合约价格大于近期合约价格时，属于正向市场。（ ）

109. 某交易者根据供求状况分析判断，将来一段时间棉花期货远月合约上涨幅度要大于近月合约上涨幅度，该投资者最有可能获利的操作是牛市套利。（ ）

110. 外汇期货是以货币为标的物的期货合约。（ ）

111. 由一系列相继上升的波峰和波谷形成的价格走势，称为上升趋势。（ ）

112. 期货交易手续费由期货交易所按成交合约金额的一定比例或按成交合约手数收取。（ ）

113. 某种商品期货合约交割月份的确定，一般由其生产、使用、储藏、流通等特点决定。（ ）

114. 最小变动价位的设置是为了保证市场有适度的流动性。（ ）

115. 在正向市场上，只要基差绝对值变大，无论期货、现货价格是上升还是下降，买入套期保值者都不可能得到完全保护。（ ）

116. 在正向市场牛市套利中，如果近期和远期合约价格均下降，则交易者绝对不可能获利。（ ）

117. 股票指数期货和股票期货的合约标的物是不同的，股票期货合约的对象是单一的股票，而股指期货合约的对象是代表一组股票价格的指数。（ ）

118. 现代期货市场中既有期货交易又有期权交易，期权交易在规避风险方面比期货交易更具优越性。（ ）

119. 期货市场具有规避风险、价格发现、资产配置的功能。（ ）

120. 1990 年 10 月 12 日，郑州粮食批发市场作为我国第一个商品期货市场开始起步。（ ）

四、综合题（共 20 题，每小题 1 分，共 20 分，以下备选项中只有一项最符合题目要求，不选、错选均不得分）。

121. 某铝型材厂决定利用铝期货进行买入套期保值。3 月 5 日该厂在 7 月份到期的铝期货合约上建仓，成交价格为 20 600 元/吨。此时铝锭的现货价格为 20 400 元/吨。至 6 月 5 日，期货价格涨至 21 500元/吨，现货价格也上涨至 21 200 元/吨。该厂按此现货价格购进铝锭，同时将期货合约对冲平仓。通过套期保值操作，该厂实际采购铝锭的成本是（ ）元/吨。

A. 21 100　　B. 21 600　　C. 21 300　　D. 20 300

122. 在黄大豆 1 号期货市场上，甲为买方，开仓价格为 3 900 元/吨，乙为卖方，开仓价格为 4 100 元/吨。大豆搬运、储存、利息等交割成本为 60 元/吨，双方商定平仓价格为 4 040 元/吨，商定的交收大豆价格为 4 000 元/吨。期转现后，甲实际购入大豆价格为（ ）元/吨。

A. 3 860　　B. 3 900

C. 3 960　　D. 4 060

123. 某投资者在芝加哥商业交易所以 1 378.5 的点位开仓卖出 S&P500 指数期货（合约乘数为 250 美元）3 月份合约 4 手，当天在 1 375.2 的点位买进平仓 3 手，在 1 382.4 的点位买进平仓 1 手，则该

C. 对供铝厂来说,结束套期保值交易时的基差为 -200 元/吨

D. 通过套期保值操作,铝的实际售价为 16 450 元/吨

137. 某美国投资者发现欧元的利率高于美元利率,于是他决定购买 100 万欧元以获高息,计划投资 3 个月,但又担心在这期间欧元对美元贬值。为避免欧元汇价贬值的风险,该投资者利用芝加哥商业交易所外汇期货市场进行空头套期保值,每手欧元期货合约为 12.5 万欧元。3 月 1 日,外汇即期市场上以 EUR/USD = 1.343 2 购买 100 万欧元,在期货市场上卖出欧元期货合约的成交价为 EUR/USD = 1.345 0。6 月 1 日,欧元即期汇率为 EUR/USD = 1.212 0,期货市场上以成交价格 EUR/USD = 1.210 1买入对冲平仓,则该投资者(　　)。

A. 盈利 37 000 美元　　B. 亏损 37 000 美元　　C. 盈利 3 700 美元　　D. 亏损 3 700 美元

138. 10 月 20 日,某投资者预期未来的市场利率水平会下降,于是以 97.300 价格买入 10 手 12 月份到期的欧洲美元期货合约,当期货合约价格涨到 97.800 时,投资者以此价格平仓。若不计交易费用,投资者该交易的盈亏状况为(　　)。

A. 盈利 1 205 美元/手　　B. 亏损 1 250 美元/手

C. 总盈利 12 500 美元　　D. 总亏损 12 500 美元

139. 4 月初,黄金现货价格为 300 元/克。我国某金饰品生产企业需要在 3 个月后买入 1 吨黄金用于生产首饰,决定进行套期保值。该企业在 4 月份黄金期货合约上的建仓价格为 305 元/克。7 月初,黄金期货价格至 325 元/克,现货价格至 318 元/克。该企业在现货市场购买黄金,同时将期货合约对冲平仓。该企业套期保值效果是(　　)(不计手续费等费用)。

A. 不完全套期保值,且有净亏损

B. 基差走强 2 元/克

C. 通过套期保值,黄金实际采购价格为 298 元/克

D. 期货市场盈利 18 元/克

140. 在大豆期货市场上,甲公司为买方,开仓价格为 4 200 元/吨,乙公司为卖方,开仓价格为 4 400 元/吨,双方达成协议进行期转现交易,商定的协议平仓价格为 4 360 元/吨,交收大豆价格为 4 310 元/吨。当交割成本为(　　)元/吨时,期转现交易对双方都有利(不计期货交易手续费)。

A. 20　　B. 80　　C. 30　　D. 40

试卷(五)~(六)(见软件)

67. 期货投机与套期保值的区别在于(　　)。

A. 期货投机交易在期货市场上进行买空卖空从而获得价差收益，而套期保值交易在现货和期货两个市场同时操作

B. 期货投机交易以赚取价差收益为目的，套期保值交易的目的是利用期货市场规避现货价格波动的风险

C. 期货投机是在场外进行交易，而套期保值则是在场内交易

D. 期货投机者在交易中通常是为博取价差收益而承担相应风险，而套期保值者是通过期货市场转移现货价格风险

68. 下列关于场内期权和场外期权的说法，正确的是(　　)。

A. 场外期权交易的是非标准化的期权，场内期权在交易所集中交易标准化期权

B. 场外期权有结算机构提供履约保证

C. 场内期权的交易品种多样、形式灵活、规模巨大

D. 场外期权的流动性风险和信用风险较大

69. 下列属于正向市场的情形有(　　)。(假设不考虑品质价差和地区价差)

A. 期货价格低于现货价格　　B. 远期合约价格低于近期合约价格

C. 期货价格高于现货价格　　D. 远期合约价格高于近期合约价格

70. 期货公司应对营业部实行统一(　　)。

A. 财务管理及会计核算　　B. 资金调拨

C. 风险管理　　D. 结算

71. 关于卖出看涨期权的目的，下列说法正确的是(　　)。

A. 为获取权利金收益而卖出看涨期权

B. 为获取权利金价差收益而卖出看涨期权

C. 为增加标的资产多头的利润而卖出看涨期权

D. 为增加标的物空头的利润而卖出看涨期权

72. 下列关于集合竞价的原则，正确的是(　　)。

A. 高于集合竞价产生的价格的买入申报全部成交

B. 集合竞价产生的价格的买入申报全部成交

C. 等于集合竞价产生的价格的买入或卖出申报根据买入申报量和卖出申报量的多少，按少的一方的申报量成交

D. 高于集合竞价产生的价格的卖出申报全部成交

73. 下列属于我国上市交易的期货合约的是(　　)。

A. 黄金期货　　B. 白银期货　　C. 棉花期货　　D. 沪深300股指期货

74. 当出现(　　)的情形时，投机者适宜开仓买入白糖期货合约。

A. 气候适宜导致甘蔗大幅增产　　B. 含糖食品需求增加

C. 气候异常导致甘蔗大幅减产　　D. 含糖食品需求下降

75. 4月1日，现货指数为1 500点，市场利率为5%，年指数股息率为1%，交易成本总计为15点，则(　　)。

A. 若考虑交易成本，6月30日的期货价格在1 530点以下才存在正向套利机会

B. 若不考虑交易成本，6月30日的期货理论价格为1 515点

93. 对基差的描述正确的是(　　)。

A. 在正向市场上,收获季节时基差扩大

B. 在正向市场上,收获季节时基差缩小

C. 在正向市场上,收获季节过去后,基差开始缩小

D. 在正向市场上,收获季节过去后,基差开始扩大

94. 在(　　)情况下,熊市套利可以获利。

A. 远月合约价格高于近月合约价格,价差由 10 元变为 20 元

B. 远月合约价格低于近月合约价格,价差由 10 元变为 20 元

C. 远月合约价格高于近月合约价格,价差由 10 元变为 5 元

D. 远月合约价格低于近月合约价格,价差由 10 元变为 5 元

95. 比较典型的反转形态包括(　　)。

A. 头肩形形态　　B. 双重顶形态　　C. 双重底形态　　D. V 形形态

96. 如果期权买方买入看涨期权,那么在期权合约的有效期限内,如果该期权标的物即相关期货合约的市场价格上涨,则(　　)。

A. 买方会执行该看涨期权

B. 买方会获得盈利

C. 因为执行期权而必须卖给卖方带来损失

D. 当买方执行期权时,卖方必须无条件的以较低价格的执行价格卖出该期权所规定的标的物

97. 美国商品期货交易委员会(CFTC)公布的持仓结构不包括(　　)。

A. 报告持仓　　B. 非报告持仓　　C. 商业持仓　　D. 非工业持仓

98. 下列对期现套利的描述,正确的是(　　)。

A. 如果价差远远高于持仓费,套利者买入现货,同时卖出相关期货合约对于商品期货来说,现货市场缺少做空机制,限制了现货市场卖出的操作

B. 在实际操作中,只要价差变化有利,也可通过将期货合约和现货部位分别了结的方式来结束期现套利操作

C. 如果价差远远低于持仓费,套利者买入现货,同时卖出相关期货合约

D. 对于商品期货来说,现货市场缺少做空机制,限制了现货市场卖出的操作

99. 下列关于价差套利的描述,正确的是(　　)。

A. 建仓时的价差是用价格较高的期货合约减去价格较低的期货合约

B. 价差套利能否在套利建仓之后“回归”正常,会直接影响到套利交易的盈亏和套利风险

C. 平仓时价差大于建仓时价差,则价差是扩大的

D. 平仓时价差小于建仓时价差,则价差是缩小的

100. 下列属于外汇市场工具的是(　　)。

A. 货币互换合约　　B. 外汇掉期合约

C. 无本金交割外汇远期合约　　D. 欧洲美元期货合约

三、判断题(共 20 题,每小题 0.5 分,共 10 分,正确的选 A,错误的选 B。不选、错选均不得分)。

101. 在期现套利中,只有当实际的股指期货价格高于或低于理论价格时,套利机会才有可能出现。(　　)

102. 世界上第一个利率期货品种是欧洲美元期货。(　　)

20. 我国期货交易所对持仓限额标准的规定一般为(　　)。

A. 当会员或客户某品种持仓合约的投机头寸达到交易所对其规定的投机头寸持仓限量50%以上(含本数)时,应进行报告

B. 当会员或客户某品种持仓合约的投机头寸达到交易所对其规定的投机头寸持仓限量50%以上(不含本数)时,应进行报告

C. 当会员或客户某品种持仓合约的投机头寸达到交易所对其规定的投机头寸持仓限量80%以上(含本数)时,应进行报告

D. 当会员或客户某品种持仓合约的投机头寸达到交易所对其规定的投机头寸持仓限量80%以上(不含本数)时,应进行报告

21. 某投资者以2.5美元/蒲式耳的价格买入2手5月份玉米合约,同时以2.73美元/蒲式耳的价格卖出2手7月份玉米合约,则当5月和7月合约价差为(　　)时,该投资者可以获利(不计手续费)。

A. 大于0.23美元　　B. 等于0.23美元

C. 小于等于0.23美元　　D. 小于0.23美元

22. 当标的物价格在期权执行价格以上时(不计交易费用),买进看跌期权损失(　　)。

A. 全部权利金　　B. 权利金+标的物价格-执行价格

C. 执行价格+权利金　　D. 执行价格

23. 某日我国3月份豆粕期货合约的结算价为2 997元/吨,收盘价为2 968元/吨,若豆粕期货合约的每日价格最大波动限制为±4%,下一交易日该豆粕期货合约的涨停板为(　　)元/吨。

A. 3 087　　B. 3 086　　C. 3 117　　D. 3 116

24. 上海证券交易所个股期权合约的行权方式是(　　)。

A. 美式　　B. 欧式　　C. 英式　　D. 法式

25. 在反向市场上,如果近期供给量增加,需求减少,则跨期套利交易者该进行(　　)。

A. 牛市套利　　B. 熊市套利　　C. 蝶式套利　　D. 跨市套利

26. 1982年,美国堪萨斯期货交易所开发了价值线综合指数期货合约,使(　　)也成为期货交易的对象。

A. 利率　　B. 外汇

C. 股票价格　　D. 股票价格指数

27. 当买卖双方均为新交易者,交易对双方来说均为开新仓时,持仓量(　　)。

A. 增加　　B. 减少　　C. 不变　　D. 先增后减

28. 期货合约中的唯一变量是(　　)。

A. 数量　　B. 价格　　C. 质量等级　　D. 交割月份

29. 一般情况下,同一种商品在期货市场和现货市场上的价格变动趋势(　　)。

A. 相反　　B. 相同

C. 相同而且价格之差保持不变　　D. 没有规律

30. 在期货市场上,套利者(　　)扮演多头和空头的双重角色。

A. 先多后空　　B. 先空后多　　C. 同时　　D. 不确定

31. 下列说法不正确的是(　　)。

A. 通过期货交易形成的价格具有周期性

B. 系统风险对投资者来说是不可避免的

55. 某基金经理计划未来投入9 000万元买入股票组合,该组合相对于沪深300指数的β系数为1.2。此时某月份沪深300股指期货合约期货指数为3 000点。为规避股市上涨风险,该基金经理应(　　)该沪深300股指期货合约进行套期保值。

A. 买入120份　　B. 卖出120份　　C. 买入100份　　D. 卖出100份

56. 某投机者预测3月份铜期货合约价格会上涨,因此他以7 800美元/吨的价格买入3手(1手=5吨)3月铜合约。此后价格立即上涨到7 850美元/吨,他又以此价格买入2手。随后价格继续上涨到7 920美元/吨,该投机者再追加了1手。试问当价格变为(　　)时该投资者将持有头寸全部平仓获利最大。

A. 7 850美元/吨　　B. 7 920美元/吨　　C. 7 830美元/吨　　D. 7 800美元/吨

57. 交易保证金是结算会员在交易所专用结算账户中确保合约履行的资金,是(　　)的保证金。

A. 还未发生亏损　　B. 已经发生亏损　　C. 未被合约占用　　D. 已被合约占用

58. 道氏理论认为,趋势的(　　)是确定投资的关键。

A. 起点　　B. 终点　　C. 反转点　　D. 黄金分割点

59. 对买入套期保值而言,基差走强,套期保值效果是(　　)(不计手续费等费用)。

A. 套期保值效果不确定,还要结合价格走势来判断

B. 不完全套期保值,且有净盈利

C. 期货市场和现货市场盈亏相抵,实现完全套期保值

D. 不完全套期保值,且净损失

60. 沪深300股指期货合约的最低交易保证金是合约价值的(　　)。

A. 12%　　B. 10%　　C. 8%　　D. 5%

二、多项选择题(共40小题,每小题1分,共40分,以下备选项中有两项或两项以上符合题目要求,多选、少选、错选均不得分)。

61. 下列属于利率期货品种的是(　　)。

A. 3个月期欧洲美元期货　　B. 3个月期欧洲银行间欧元利率期货

C. 5年期国债期货　　D. 10年期国债期货

62. 当标的物的市场价格(　　)时,对看跌期权多头有利。

A. 波动幅度变小　　B. 下跌　　C. 波动幅度变大　　D. 上涨

63. 对买入套期保值来说,能够实现净盈利的情形有(　　)。

A. 反向市场基差走弱　　B. 正向市场基差走弱

C. 基差保持不变　　D. 反向市场转为正向市场

64. 为了防止标的物价格下跌,可以运用的策略有(　　)。

A. 买入看涨期权　　B. 卖出看涨期权

C. 买入看跌期权　　D. 卖出看跌期权

65. 期货结算机构的职能有(　　)。

A. 监控期货交易所财务风险　　B. 结算期货交易盈亏

C. 担保期货交易履约　　D. 控制期货市场风险

66. 下列关于利率期货的多头套期保值者的描述,正确的是(　　)。

A. 在期货市场买入利率期货合约　　B. 在期货市场卖出利率期货合约

C. 为对冲利率上升带来的风险　　D. 为对冲利率下降带来的风险

134. 某股票当前价格为63.95港元，下列以该股票为标的的期权中时间价值最低的是(　　)。

A. 执行价格为64.50港元，权利金为1.00港元的看跌期权

B. 执行价格为67.50港元，权利金为6.48港元的看跌期权

C. 执行价格为67.50港元，权利金为0.81港元的看涨期权

D. 执行价格为60.00港元，权利金为4.53港元的看涨期权

135. 某投机者买入CBOT30年期国债期货合约，成交价为98－175，然后以97－020的价格卖出平仓，则该投机者(　　)。

A. 盈利1 550美元　　B. 亏损1 550美元

C. 盈利1 484.38美元　　D. 亏损1 484.38美元

136. 某投资者以65 000元/吨卖出1手8月铜期货合约，同时以63 000元/吨 买入1手10月铜合约，当8月和10月合约价差为(　　)元/吨时，该投资者亏损。

A. 1 000　　B. 1 500　　C. －300　　D. 2 100

137. 某投机者预测5月份大豆期货合约价格将上升，故买入5手，成交价格为2 015元/吨，此后合约价格迅速上升到2 025元/吨，为进一步利用该价位的有利变动，该投机者再次买入4手5月份合约，当价格上升到2 030元/吨时，又买入3手合约，当市价上升到2 040元/吨时，又买入2手合约，当市价上升到2 050元/吨时，再买入1手合约。后市场价格开始回落，跌到2 035元/吨，该投机者立即卖出手中全部期货合约。则此交易的盈亏是(　　)元。

A. －1 300　　B. 1 300　　C. －2 610　　D. 2 610

10. 期货交易的对象是(　　)。

A. 实物商品　　B. 金融产品　　C. 标准化期货合约　　D. 以上都对

11. 某交易者买入 5 手天然橡胶期货合约,价格为 38 650 元/吨,价格升至 38 670 元/吨,再买入 3 手,价格升至 38 700 元/吨,又买入 2 手,则该交易者的平均买入价为(　　)元/吨。

A. 38 666　　B. 38 670　　C. 38 673　　D. 38 700

12. 下列对于技术分析理解有误的是(　　)。

A. 技术分析的特点是比较直观

B. 技术分析方法是对价格变动的根本原因的判断

C. 技术分析可以帮助投资者判断市场趋势

D. 技术分析提供的量比指标可以警示行情转折

13. 关于卖出看跌期权的损益(不计交易费用),下列说法错误的是(　　)。

A. 最大收益为所收取的权利金

B. 当标的物市场价格大于执行价格时,买方不会执行期权

C. 损益平衡点 = 执行价格 + 权利金

D. 买方的盈利即为卖方的亏损

14. 3 月初,某铝型材厂计划在三个月后购进一批铝锭,决定利用铝期货进行套期保值。3 月 5 日该厂在 7 月份铝期货合约上建仓,成交价格为 21 300 元/吨。此时铝锭的现货价格为 20 400 元/吨。至 6 月 5 日,期货价格为 19 200 元/吨,现货价格为 20 200 元/吨。则下列说法正确的有(　　)。

A. 3 月 5 日基差为 900 元/吨　　B. 6 月 5 日基差为 -1 000 元/吨

C. 从 3 月到 6 月,基差走弱　　D. 从 3 月到 6 月,基差走强

15. 下列属于上海期货交易所期货品种的是(　　)。

A. 焦炭　　B. 甲醇　　C. 玻璃　　D. 白银

16. 棉花期货的多空双方进行期转现交易。多头开仓价格为 30 210 元/吨,空头开仓价格为30 630元/吨,已知进行期转现交易空头可节约交割成本 140 元/吨,进行期转现交易对买卖双方都有利的情形是(　　)。

A. 协议平仓价为 30 540 元/吨,交收价为 30 380 元/吨

B. 协议平仓价为 30 540 元/吨,交收价为 30 420 元/吨

C. 协议平仓价为 30 580 元/吨,交收价为 30 420 元/吨

D. 协议平仓价为 30 580 元/吨,交收价为 30 380 元/吨

17. 在即期外汇市场上拥有某种外币负债的企业,为防止将来偿付时该货币升值风险,可在外汇期货市场上采取(　　)交易策略。

A. 空头投机　　B. 多头投机

C. 卖出套期保值　　D. 买入套期保值

18. 当看涨期权空头接受买方行权要求时,其履约损益为(　　)(不计交易费用)。

A. 标的资产买价 - 执行价格 - 权利金　　B. 执行价格 - 标的资产买价 - 权利金

C. 标的资产买价 - 执行价格 + 权利金　　D. 执行价格 - 标的资产买价 + 权利金

19. 期货交易报价时,超过期货交易所规定的涨跌幅度的报价(　　)。

A. 无效,但可申请转移至下一交易日　　B. 有效,但须自动转移至下一交易日

C. 无效,不能成交　　D. 有效,但交易价格应调整至涨跌幅以内

B. 申请开户时保证金账户可用资金余额不低于人民币 50 万元

C. 具备金融期货基础知识,通过相关测试

D. 在期货公司开立期货保证金账户 6 个月以上

86. 某交易者根据供求状况分析判断,将来一段时间天然橡胶期货远月合约上涨幅度要大于近月合约上涨幅度,该交易者最有可能获利的操作是(　　)。

A. 在正向市场上,买入较近月份的合约同时卖出远期月份的合约

B. 在反向市场上,买入较近月份的合约同时卖出远期月份的合约

C. 在正向市场上,买入远期月份的合约同时卖出较近月份的合约

D. 在反向市场上,买入远期月份的合约同时卖出较近月份的合约

87. 在期货交易中,(　　)是两类重要的机构投资者。

A. 生产者　　B. 对冲基金

C. 共同基金　　D. 商品投资基金

88. ISDA 主协议适用的利率期权产品包括(　　)。

A. 利率看涨期权　　B. 利率上限期权

C. 利率双限期权　　D. 利率下限期权

89. 在某一期货合约的交易过程中,当(　　)时,国内商品期货交易所可以根据市场风险调整其变易保证金水平。

A. 持仓量增大到一定水平

B. 临近交割期

C. 出现连续涨跌停板

D. 遇到国家法定长假

90. 下列影响市场利率变化的因素有(　　)。

A. 政策因素　　B. 经济因素

C. 政治因素　　D. 全球主要经济体利率水平

91. 在期货行情分析中,(　　)适用于描述较长时间内的期货价格走势。

A. 价格　　B. 交易量　　C. 需求　　D. 供给

92. 下列关于期权时间价值的说法,正确的是(　　)。

A. 期权的时间价值不应该高于期权的权利金

B. 期权的时间价值可能小于零

C. 平值期权的时间价值最大

D. 期权的时间价值一定大于等于零

93. 下列关于买进看跌期权的说法(不计交易费用),正确的有(　　)。

A. 盈亏平衡点 = 执行价格 - 权利金　　B. 看跌期权的买方损失有限

C. 盈亏平衡点 = 执行价格 + 权利金　　D. 看跌期权买方损失无限

94. 关于期权的内涵价值,下列说法正确的是(　　)。

A. 内涵价值由期权合约的执行价格与标的资产价格的关系决定

B. 看涨期权的内涵价值 = $\text{Max}(S-K,0)$

C. 期权的内涵价值有可能小于 0

D. 期权的内涵价值总是大于等于 0

125. 6 月份，某交易者以 200 美元/吨的价格买入 4 手(25 吨/手)执行价格为 4 000 美元/吨的 3 个月期铜看跌期权。当该投资处于损益平衡点时，期权标的资产价格应为(　　)美元/吨。

A. 4 170　　B. 4 000　　C. 4 200　　D. 3 800

126. 当成交指数为 95.28 时，1 000 000 美元面值的 13 周国债期货和 3 个月欧洲美元期货的买方将会获得的实际收益率分别是(　　)。

A. 1.18%，1.19%　　B. 1.18%，1.18%

C. 1.19%，1.18%　　D. 1.19%，1.19%

127. 棉花期货的多空双方进行期转现交易。多头开仓价格为 10 210 元/吨，空头开仓价格为 10 630 元/吨，双方协议以 10 450 元/吨平仓，以 10 400 元/吨进行现货交收，若棉花的交割成本 200 元/吨，进行期转现后，多空双方实际买卖价格为(　　)。

A. 多方 10 160 元/吨，空方 10 580 元/吨

B. 多方 10 120 元/吨，空方 10 120 元/吨

C. 多方 10 640 元/吨，空方 10 400 元/吨

D. 多方 10 120 元/吨，空方 10 400 元/吨

128. 若 6 月 S&P500 看跌期货买权履约价格为 1 110，权利金为 50，6 月期货市价为 1 105，则(　　)。

A. 时间价值为 50　　B. 时间价值为 55

C. 时间价值为 45　　D. 时间价值为 40

129. 榨油厂要在 3 个月后购买 191 吨大豆做原料，为套期保值，该厂需要购入(　　)手大豆期货。

A. 190　　B. 19　　C. 191　　D. 19.1

130. 沪深 300 现货指数为 3 000 点，市场年利率为 5%，年指数股息率为 1%，三个月后交割的沪深 300 股指数期货合约的理论价格为(　　)点。

A. 3 029.59　　B. 3 045　　C. 3 180　　D. 3 120

131. 某投资者在 5 月份以 30 元/吨权利金卖出一张 9 月到期，执行价格为 1 200 元/吨的小麦看涨期权，同时又以 10 元/吨权利金卖出一张 9 月到期执行价格为 1 000 元/吨的小麦看跌期权。当相应的小麦期货合约价格为 1 120 元/吨时，该投资者收益为(　　)元/吨(每张合约 1 吨标的物，其他费用不计)。

A. 40　　B. -40　　C. 20　　D. -80

132. 3 月 1 日，6 月大豆合约价格为 8 390 美分/蒲式耳，9 月大豆合约价格为 8 200 美分/蒲式耳。某投资者预计大豆价格要下降，于是该投资者以此价格卖出 1 手 6 月大豆合约，同时买入 1 手 9 月大豆合约。到 5 月份，大豆合约价格果然下降。当价差(　　)美分/蒲式耳时，该投资者将两合约同时平仓能够保证盈利。

A. 小于等于 -190　　B. 等于 -190

C. 小于 190　　D. 大于 190

133. 某投资者开仓买入 10 手 3 月份的沪深 300 指数期货合约，卖出 10 手 4 月份的沪深 300 指数期货合约，其建仓价分别为 2 800 点和 2 850 点，上一交易日结算价分别为 2 810 点和 2 830 点，上一交易日该投资者没有持仓。如果该投资者当日不平仓，当日 3 月和 4 月合约的结算价分别为 2 840 点和 2 870 点，则该交易持仓盈亏为(　　)元。

A. -30 000　　B. 30 000

C. 60 000　　D. 20 000

42. 3月2日，某交易者买入10手5月份A期货合约同时卖出10手7月份该期货合约，价格分别为12 500元/吨和12 900元/吨。3月19日，该交易者对上述合约全部对冲平仓，5月和7月合约平仓价格分别为12 350元/吨和12 550元/吨。该套利交易(　　)元(每手5吨，不计手续费等费用)。

A. 亏损20 000　　B. 亏损10 000　　C. 盈利20 000　　D. 盈利10 000

43. 公司制期货交易所一般不含(　　)。

A. 董事会　　B. 总经理　　C. 专业委员会　　D. 监事会

44. 反向大豆提油套利的做法是(　　)。

A. 卖出大豆期货合约，同时买入豆油和豆粕期货合约

B. 买入大豆期货合约，同时卖出豆油和豆粕期货合约

C. 增加豆粕和豆油供给量

D. 增加生产

45. 期权的买方是(　　)。

A. 支付权利金、让渡权利但无义务的一方

B. 支付权利金、获得权利但无义务的一方

C. 收取权利金、获得权利并承担义务的一方

D. 支付权利金、获得权利并承担义务的一方

46. 计划发行债券的公司，担心未来融资成本上升，通常会利用利率期货进行(　　)来规避风险。

A. 买入套期保值　　B. 卖出套期保值

C. 投机　　D. 以上都不对

47. 保证金比例通常为期货合约价值的(　　)。

A. 5%　　B. 5% ~10%　　C. 5% ~15%　　D. 15% ~20%

48. 对股票指数期货来说，若期货指数与现货指数出现偏离，当(　　)时，就会产生套利机会(考虑交易成本)。

A. 实际期指高于无套利区间的下界　　B. 实际期指低于无套利区间的上界

C. 实际期指低于无套利区间的下界　　D. 实际期指处于无套利区间

49. 目前我国上海期货交易所规定的交易指令主要是(　　)。

A. 套利指令　　B. 止损指令　　C. 停止限价指令　　D. 限价指令

50. 首席风险官应及时将对期货公司的相关风险核查结果报告给(　　)。

A. 中国证监会　　B. 中国证监会派出机构

C. 期货交易所　　D. 期货自律组织

51. (　　)是指可以向他人提供买卖期货、期权合约指导或建议，或以客户名义进行操作的自然人或法人。

A. 商品基金经理　　B. 商品交易顾问

C. 交易经理　　D. 期货佣金商

52. (　　)成为公司法人治理结构的核心内容。

A. 风险控制体系　　B. 风险防范　　C. 创新能力　　D. 市场影响

53. 郑州小麦期货市场某一合约的卖出价格为1 120元/吨，买入价格为1 121元/吨，前一成交价为1 123元/吨，那么该合约的撮合成交价应为(　　)元/吨。

A. 1 120　　B. 1 121　　C. 1 122　　D. 1 123

B. β 系数大于 1 时，说明单个股票的波动或风险程度高于以指数衡量的整个市场

C. β 系数小于 1 时，说明单个股票的波动或风险程度低于以指数衡量的整个市场

D. β 系数等于 1 时，说明单个股票的波动或风险程与以指数衡量的整个市场一致

77. 下列情形中，基差为 -80 元/吨的有（　　）。

A. 1 月 10 日，玉米期货价格为 1 710 元/吨，现货价格为 1 790 元/吨

B. 1 月 10 日，玉米期货价格为 1 710 元/吨，现货价格为 1 630 元/吨

C. 1 月 10 日，玉米现货价格为 1 710 元/吨，期货价格为 1 790 元/吨

D. 1 月 10 日，玉米现货价格为 1 710 元/吨，期货价格为 1 630 元/吨

78. 下列属于中长期利率期货品种的是（　　）。

A. T - Notes　　B. T - Bills

C. T - Bonds　　D. Euro - Swap Futures

79. 某种商品期货合约交割月份的确定，一般由（　　）等特点决定。

A. 生产　　B. 使用　　C. 流通　　D. 储藏

80. 期货交易所竞争加剧的主要表现有（　　）。

A. 在外国设立分支机构　　B. 上市以外国金融工具为对象的期货合约

C. 为延长交易时间开设夜盘交易　　D. 吸纳外国会员

81. 下列关于集合竞价的说法，正确的有（　　）。

A. 集合竞价采用最大成交量原则

B. 高于集合竞价产生的价格的买入申报全部成交

C. 低于集合竞价产生的价格的卖出申报全部成交

D. 等于集合竞价产生价格的买入和卖出申报不能成交

82. 期货市场之所以具有价格发现的功能，主要是因为（　　）。

A. 期货交易参与者众多，供求双方意愿得以真实体现

B. 期货价格反映多数人的预测，接近真实的供求变动趋势

C. 交易透明度高，竞争公开化、公平化

D. 供求双方协商确定期货价格

83. 期货结算机构与期货交易所根据关系不同，一般可分为（　　）。

A. 某一交易所的内部机构

B. 独立的结算公司

C. 某一金融公司的内部机构

D. 与交易所被同一机构共同控制

84. 关于公司制期货交易所的表述，正确的有（　　）。

A. 通常是由若干股东共同出资组建，以营利为目的的企业法人

B. 盈利来自通过交易所进行期货交易而收取的各种费用

C. 自然人或法人缴纳使用费用，即可在公司制期货交易所内进行期货交易

D. 最高权力机构是股东大会

85. 根据金融期货投资者适当性制度，对于个人投资者申请开立金融期货交易编码，下列说法正确的是（　　）。

A. 申请开户时净资产不低于人民币 100 万元

《期货及衍生品基础》真题试卷(三)

答题卡

本试卷采用虚拟答题卡技术，自动评分

考生扫描右侧二维码，将答题选项填入虚拟答题卡中，题库系统可自动统计答题得分，生成完整的答案及解析。题库系统根据考生答题数据，自动收集整理错题，记录考生薄弱知识点，方便考生在题库系统中查漏补缺。

一、单项选择题(共60题,每小题0.5分,共30分,以下备选项中只有一项最符合题目要求,不选、错选均不得分)。

1.3个月的欧洲美元期货属于(　　)品种。

A.短期利率期货　　B.中长期国债期货

C.外汇期货　　D.股指期货

2.(　　)期货是大连商品交易所的上市品种。

A.石油沥青　　B.动力煤　　C.玻璃　　D.棕榈油

3.下列情形中,适合榨油厂利用豆油期货进行卖出套期保值的是(　　)。

A.榨油厂担心大豆价格上涨　　B.榨油厂有大量豆油库存

C.榨油厂未来需按固定价格交付大量豆油产品　　D.榨油厂有大量大豆库存

4.在其他因素不变的情况下,下列关于标的资产价格波动幅度与期权价格关系的说法,正确的是(　　)。

A.标的资产价格波动幅度与期权价格正相关

B.标的资产价格波动幅度与期权价格负相关

C.标的资产价格波动幅度与期权价格不相关

D.标的资产价格波动幅度与期权价格成反比

5.某投机者以7 800美元/吨的价格买入1手铜合约,成交后价格上涨到7 950美元/吨。为了防止价格下跌,他应于价位在(　　)时下达止损指令。

A.7 780美元/吨　　B.7 800美元/吨　　C.7 870美元/吨　　D.7 950美元/吨

6.国债期货交割时,发票价格的计算公式为(　　)。

A.期货交割结算价×转换因子－应计利息　　B.期货交割结算价×转换因子＋应计利息

C.期货交割结算价/转换因子＋应计利息　　D.期货交割结算价×转换因子

7.看跌期权的买方有权按执行价格在规定时间内向期权卖方(　　)一定数量的标的物。

A.减少　　B.增加　　C.买进　　D.卖出

8.在我国,1月8日,某交易者进行套利交易,同时卖出500手3月白糖期货合约、买入1 000手5月白糖期货合约、卖出500手7月白糖期货合约;成交价格分别为6 370元/吨、6 360元/吨和6 350元/吨。1月13日对冲平仓时成交价格分别为6 350元/吨、6 320元/吨和6 300元/吨,则该交易者(　　)。

A.盈利5万元　　B.亏损5万元　　C.盈利50万元　　D.亏损50万元

9.下列关于郑州商品交易所的表述,正确的有(　　)。

A.成立于1993年5月28日　　B.郑州商品交易所实行公司制

C.1990年正式推出标准化期货合约　　D.会员大会是交易所的权利机构

31. 以下不属于基差走强的情形是(　　)。

A. 基差为正且数值越来越大　　B. 基差为负值且绝对值越来越小

C. 基差从正值变负值　　D. 基差从负值变正值

32. 假定市场利率为5%,股票红利率为2%。8月1日,沪深300指数为3 500点,9月份和12月份沪深300股指期货合约的理论价差为(　　)点。

A. 8.75　　B. 26.25　　C. 35　　D. 无法确定

33. 黄金期货看跌期权的执行价格为1 600.50美元/盎司,当标的期货合约价格为1 580.50美元/盎司,权利金为30美元/盎司时,则该期权的时间价值为(　　)美元/盎司。

A. 20　　B. 10　　C. 30　　D. 0

34. 在我国,4月27日,某交易者进行套利交易同时买入10手7月铜期货合约、卖出20手9月铜期货合约、买入10手11月铜期货合约;成交价格分别为35 820元/吨、36 180元/吨和36 280元/吨。5月10日对冲平仓时成交价格分别为35 860元/吨、36 200元/吨、36 250元/吨时,该投资者的盈亏情况为(　　)。

A. 盈利1 500元　　B. 亏损1 500元　　C. 盈利1 300元　　D. 亏损1 300元

35. 如果从事自营业务的会员持仓头寸超过持仓限额,且在规定时间内未主动减仓,交易所可以按照有关规定对超出头寸(　　)。

A. 降低保证金比例　　B. 强制减仓　　C. 提高保证金比例　　D. 强行平仓

36. 影响利率期货价格的经济因素不包括(　　)。

A. 经济周期　　B. 全球主要经济体利率水平

C. 通货膨胀率　　D. 经济状况

37. 目前我国期货交易所采用的交易形式是(　　)。

A. 公开喊价交易　　B. 柜台(OTC)交易

C. 计算机撮合交易　　D. 做市商交易

38. 若期权买方拥有买入标的物的权利,该期权为(　　)。

A. 现货期权　　B. 期货期权　　C. 看涨期权　　D. 看跌期权

39. 下面属于相关商品间的套利的是(　　)。

A. 买汽油期货和燃料油期货合约,同时卖原油期货合约

B. 购买大豆期货合约,同时卖出豆油和豆粕期货合约

C. 买入小麦期货合约,同时卖出玉米期货合约

D. 卖出LME铜期货合约,同时买入上海期货交易所铜期货合约

40. 9月10日,白糖现货价格为6 200元/吨。某糖厂决定利用白糖期货对其生产的白糖进行套期保值。当天以6 150元/吨的价格在11月份白糖期货合约上建仓。10月10日,白糖现货价格跌至5 720元/吨,期货价格跌至5 700元/吨。该糖厂平仓后,实际白糖的卖出价格为(　　)元/吨。

A. 6 100　　B. 6 150　　C. 6 170　　D. 6 200

41. 利用股指期货可以(　　)。

A. 进行套期保值,降低投资组合的系统性风险

B. 进行套期保值,降低投资组合的非系统性风险

C. 进行投机,通过期现市场的双向交易获取超额收益

D. 进行套利,通过期货市场的单向交易获取价差收益

108. 利用期货市场进行套期保值，能使生产经营者转移现货市场价格风险，达到锁定生产成本，实现预期利润的目的。 （ ）

109. 如果投机者预期价格上涨，但市场还没有明显上涨趋势时，也应该买入期货合约。 （ ）

110. 期货市场需要价格的频繁波动，期货市场同价格波动是相容和相互依存的。 （ ）

111. 因为套期保值者首先在期货市场以买入方式建立多头的交易部位，故又称为多头套期保值。 （ ）

112. 为防范汇率风险，拥有外汇负债者适宜利用外汇期货做空头套期保值。 （ ）

113. 人们常说的道·琼斯指数通常是指道·琼斯工业平均指数。 （ ）

114. 1883 年，芝加哥期货交易所结算公司成立以后，芝加哥期货交易所的所有交易都要进入结算公司，从此，现代意义上的结算机构形成。 （ ）

115. 大豆提油套利是大豆加工商在市场价格关系基本正常时进行的。 （ ）

116. 商品交易顾问可以向他人提供买卖期货合约的指导或建议，或以客户名义进行操作，并接受客户资金。 （ ）

117. 当股指期货的近期合约价格大于远期合约价格时，属于反向市场。 （ ）

118. 在跨品种套利中，涉及的相关商品只能有两种。 （ ）

119. 当某期货合约以涨跌停板价格成交时，成交撮合实行平仓优先和时间优先原则，但平仓当日新开仓位不适用于时间优先原则。 （ ）

120. 在规定的期限内，如果市场参考利率高于协定的利率上限水平，则卖方向买方支付市场利率高于利率上限的差额部分。 （ ）

四、综合题（共 20 题，每小题 1 分，共 20 分，以下备选项中只有一项最符合题目要求，不选、错选均不得分）。

121. 某股票当前价格为 88.75 港元，该股票期权中内涵价值最高的是（ ）。

A. 执行价格为 92.50 港元，权利金为 4.89 港元的看跌期权

B. 执行价格为 87.50 港元，权利金为 2.37 港元的看跌期权

C. 执行价格为 92.50 港元，权利金为 1.97 港元的看涨期权

D. 执行价格为 87.50 港元，权利金为 4.25 港元的看涨期权

122. 某投资者开仓买入 10 手 3 月份的沪深 300 指数期货合约，卖出 10 手 4 月份的沪深 300 指数期货合约，其建仓价分别为 2 800 点和 2 850 点，上一交易日结算价分别为 2 810 点和 2 830 点，上一交易日该投资者没有持仓。如果该投资者当日不平仓，当日 3 月和 4 月合约的结算价分别是 2 830 点和2 870点，则该交易持仓盈亏（ ）元。

A. 30 000　　B. −90 000　　C. 10 000　　D. 90 000

123. 7 月 1 日，某交易者以 120 点的权利金买入一张 9 月份到期、执行价格为 10 200 点的恒生指数看跌期权，同时，该交易者又以 100 点的权利卖出一张 9 月份到期、执行价格为 10 000 点的恒生指数看跌期权。该交易者的最大盈利可能是（ ）。

A. 220 点　　B. 180 点　　C. 120 点　　D. 200 点

124. 某投资者在 2 月份以 500 点的权利金买进一张执行价格为 13 000 点的 5 月恒指看涨期权，同时又以 300 点的权利金买入一张执行价格为 13 000 点的 5 月恒指看跌期权。当恒指跌破（ ）点或恒指上涨到（ ）点时该投资者可以盈利。

A. 12 800；13 200

10 日，该套利者同时将两个交易所的小麦期货合约全部平仓，成交价格分别为 640 美分/蒲式耳和 655 美分/蒲式耳。该交易盈亏状况是(　　)美元(每手小麦合约为 5 000 蒲式耳，不计手续费等费用)。

A. 亏损 75 000　　B. 盈利 25 000

C. 盈利 75 000　　D. 亏损 25 000

137. 某交易者卖出执行价格为 540 美元/蒲式耳的小麦看涨期权，权利金为 35 美元/蒲式耳，则该交易者卖出的看涨期权的损益平衡点为(　　)美元/蒲式耳(不考虑交易费用)。

A. 520　　B. 540　　C. 575　　D. 585

138. 标准普尔 500 指数期货合约的最小变动价位为 0.01 个指数点，或者 2.50 美元。4 月 20 日，某投机者在 CME 买入 10 张 9 月份标准普尔 500 指数期货合约，成交价为 1 300 点，同时卖出 10 张 12 月份标准普尔 500 指数期货合约，价格为 1 280 点。如果 5 月 20 日 9 月份期货合约的价位是 1 290点，而 12 月份期货合约的价位是 1 260 点，该交易者以这两个价位同时将两份合约平仓，则其净损益是(　　)美元。

A. 亏损 75 000　　B. 亏损 25 000　　C. 盈利 25 000　　D. 盈利 75 000

139. 3 月初，我国某铝型材厂计划在三个月后购进 1 000 吨铝锭，决定利用铝期货进行套期保值。该厂于 3 月 5 日买入 7 月份铝期货合约，建仓价格为 19 900 元/吨，此时的现货价格为 19 700 元/吨。至 6 月 5 日，现货价格跌至 17 500 元/吨。该厂按照此价格购入铝锭，同时以 18 100 元/吨的价格把期货合约对冲平仓。则下列对该厂套期保值的说法中，正确的是(　　)(不计手续费等费用，我国铝期货的交易单位为每手 5 吨)。

A. 期货市场亏损 1 600 元/吨

B. 期货市场和现货市场盈亏刚好相抵

C. 基差走强 400 元/吨

D. 通过套期保值操作，铝锭的采购成本相当于 19 300 元/吨

140. 某套利者在黄金期货市场上以 962 美元/盎司的价格买入一份 11 月份的黄金期货，同时以 951 美元/盎司的价格卖出 7 月份的黄金期货合约。持有一段时间之后，该套利者以 953 美元/盎司的价格将 11 月份合约卖出平仓，同时以 947 美元/盎司的价格将 7 月份合约买入平仓，则该套利交易的盈亏结果为(　　)。

A. 盈利 9 美元/盎司　　B. 亏损 9 美元/盎司　　C. 盈利 5 美元/盎司　　D. 亏损 5 美元/盎司

B. 买入期货合约的看跌期权

C. 买入期货合约的看涨期权

D. 卖出期货合约的看跌期权

66. 下列属于蝶式套利的有(　　)。

A. 买入近期月份合约,同时卖出居中月份合约,并买入远期月份合约,其中居中月份合约的数量等于近期月份和远期月份买入合约数量之和

B. 卖出近期月份合约,同时买入居中月份合约,并卖出远期月份合约,其中居中月份合约的数量等于近期月份和远期月份卖出合约数量之和

C. 卖出近期月份合约,同时买入居中月份合约,并卖出远期月份合约,其中远期合约的数量等于近期月份和居中月份买入或卖出合约数量之和

D. 先卖出远期月份合约,再卖出居中月份合约,最后买入近期月份合约,其中近期合约的数量等于居中月份和远期月份买入或卖出合约数量之和

67. 影响商品需求量的因素包括(　　)。

A. 消费者的偏好　　B. 消费者的收入

C. 相关商品价格的变化　　D. 消费者的预期

68. 下列关于我国期货交易所集合竞价的说法,正确的是(　　)。

A. 开盘价由集合竞价产生

B. 开盘集合竞价在某品种某月份合约每一交易日开市前 5 分钟内进行

C. 集合竞价采用最大成交量原则

D. 以上都不对

69. (　　)市场能够为投资者提供避险功能。

A. 股票市场　　B. 现货市场　　C. 期货市场　　D. 期权市场

70. 1998 年我国对期货交易所进行第二次清理整顿后留下来的期货交易所有(　　)。

A. 上海期货交易所　　B. 大连商品交易所　　C. 广州商品交易所　　D. 郑州商品交易所

71. 下列关于股指期现套利的描述,正确的是(　　)。

A. 当期价高估时,可以进行反向套利

B. 当期价低估时,可以进行正向套利

C. 当期价高估时,可以进行正向套利

D. 当期价低估时,可以进行反向套利

72. (　　)时,投资者可以考虑利用股指期货进行空头套期保值。

A. 投资者持有股票组合　　B. 投资者计划未来持有股票组合

C. 投资者担心股市大盘上涨　　D. 投资者担心股市大盘下跌

73. 下列关于利率期货套期保值的说法,正确的有(　　)。

A. 利率期货卖出套期保值目的是对冲市场利率上升带来的风险

B. 利率期货卖出套期保值目的是对冲市场利率下降带来的风险

C. 利率期货买入套期保值目的是对冲市场利率上升带来的风险

D. 利率期货买入套期保值目的是对冲市场利率下降带来的风险

74. 商品市场供给量由(　　)组成。

A. 期末结存量　　B. 期初存量　　C. 本期产量　　D. 本期进口量

95. 下列关于期货投机平仓的说法，正确的是(　　)。

A. 行情变动有利时，通过平仓获取利润

B. 行情变动不利时，通过平仓限制损失

C. 掌握限制损失、滚动利润的原则

D. 灵活运用止损指令

96. 世界各地交易所的会员构成分类不尽相同，有(　　)等。

A. 自然人会员与法人会员

B. 全权会员与专业会员

C. 结算会员与非结算会员

D. 全权会员与法人会员

97. 商品期货合约的履约方式有(　　)。

A. 现金交割

B. 实物交割

C. 私下转让

D. 对冲平仓

98. 关于价差套利，下列说法中正确的有(　　)。

A. 在价差套利中，交易者同时在相关合约中进行方向相同的交易

B. 在价差套利中，交易者同时在相关合约中进行方向相反的交易

C. 在价差套利中，交易者需要关注期货合约间的价差变动情况

D. 在价差套利中，交易者只需要关注某一期货合约的价格变动方向

99. 下列关于期货结算机构的表述，正确的有(　　)。

A. 当期货交易成交后，买卖双方缴纳一定的保证金，结算机构就承担起保证每笔交易按期履约的责任

B. 结算机构为所有合约卖方的买方和所有合约买方的卖方

C. 结算机构担保履约，往往是通过对会员保证金的结算和动态监控实现的

D. 当市场价格不利变动导致亏损使会员保证金不能达到规定水平时，结算机构会向会员发出追加保证金的通知

100. 下列情形中，属于跨品种套利的是(　　)。

A. 大豆和豆粕之间的套利

B. 小麦与玉米间的套利

C. 大豆提油套利

D. 反向大豆提油套利

三、判断题(共20题，每小题0.5分，共10分，正确的选A，错误的选B。不选、错选均不得分)。

101. 伦敦金属交易所的价格是国际有色金属市场的晴雨表。(　　)

102. 中国期货业协会的成立，标志着我国期货行业主管机构的诞生。(　　)

103. 介绍经纪商的主要职责是介绍客户，即凭借手中的客户资源和信息渠道优势为期货公司和投资者“牵线搭桥”。(　　)

104. 期货交易的当日收盘价格即为当日结算价。(　　)

105. 具有期货投资咨询业务资格的期货公司，其控股股东为证券公司。期货公司建议证券公司客户做空股指期货，同时建议期货公司客户做多。这一做法并不违规。(　　)

106. 我国期货交易所实行当日无负债结算制度。(　　)

107. 期货结算机构通常采用分级结算制度，即只有结算会员才能直接得到结算机构提供的结算服务，非结算会员只能由结算会员提供结算服务。(　　)

21. 交易者在 1 520 点卖出 4 张 S&P500 指数期货合约，之后在 1 490 点全部平仓，已知该合约乘数为 250 美元，在不考虑手续费的情况下，该笔交易(　　)美元。

A. 盈利 7 500　　B. 亏损 7 500　　C. 盈利 30 000　　D. 亏损 30 000

22. 一般的，当其他因素不变时，市场利率上升，利率期货价格将(　　)。

A. 上升　　B. 下降　　C. 不变　　D. 不确定

23. 下列构成跨市套利的是(　　)。

A. 买入 A 期货交易所 9 月大豆期货合约，同时卖出 A 期货交易所 9 月豆油和豆粕期货合约

B. 买入 A 期货交易所 9 月大豆期货合约，同时卖出 B 期货交易所 9 月大豆期货合约

C. 买入 A 期货交易所 5 月小麦期货合约，同时卖出 B 期货交易所 5 月铜期货合约

D. 买入 A 期货交易所 7 月铜期货合约，同时买入 B 期货交易所 7 月铝期货合约

24. 在我国，期货公司的职能不包括(　　)。

A. 根据客户指令代理买卖期货合约　　B. 对客户账户进行管理

C. 为客户提供期货市场信息　　D. 从事期货交易自营业务

25. 2 月 1 日，某期货交易所 5 月和 9 月豆粕期货价格分别为 3 160 元/吨和 3 600 元/吨，套利者预期价差将缩小，最有可能获利的是(　　)。

A. 同时买入 5 月份和 9 月份的期货合约，到期平仓

B. 同时卖出 5 月份和 9 月份的期货合约，到期平仓

C. 买入 5 月份合约，卖出 9 月份合约，到期平仓

D. 卖出 5 月份合约，买入 9 月份合约，到期平仓

26. 20 世纪 70 年代初，(　　)的解体使得外汇风险增加。

A. 布雷顿森林体系　　B. 牙买加体系　　C. 葡萄牙体系　　D. 以上都不对

27. 沪深 300 股指期货合约的交易时间是(　　)。

A. 上午 9:15—11:30，下午 13:00—15:15

B. 上午 9:00—下午 15:15

C. 上午 9:00—11:30，下午 13:30—15:00

D. 上午 9:30—11:30，下午 13:00—15:00

28. 企业通过套期保值，可以降低(　　)对企业经营活动的影响，实现稳健经营。

A. 价格风险　　B. 政治风险　　C. 操作风险　　D. 信用风险

29. 某交易者买入执行价格为 3 200 美元/吨的铜看涨期货期权，当标的铜期货价格为 3 100 美元/吨时，该期权为(　　)期权。

A. 实值　　B. 虚值　　C. 内涵　　D. 外涵

30. 受聘于商品基金经理(CPO)，主要负责帮助 CPO 挑选商品交易顾问(CTA)，监督 CTA 的交易活动的是(　　)。

A. 介绍经纪商(TB)　　B. 托管人(Custodian)　　C. 期货佣金商(FCM)　　D. 交易经理(TM)

31. 在某时点，某交易所 7 月份铜期货合约的买入价是 67 550 元/吨，前一成交价是 67 560 元/吨，如果此时卖出申报价是 67 570 元/吨，则此时点该交易以(　　)元/吨成交。

A. 67 550　　B. 67 560　　C. 67 570　　D. 67 580

32. 在国际外汇市场上，大多数国家采用的外汇标价方法是(　　)。

A. 英镑标价法　　B. 欧元标价法　　C. 直接标价法　　D. 间接标价法

交易保证金为5%）。经结算后，该会员当日结算准备金余额为(　　)元。

A. 600 000　　B. 596 400　　C. 546 920　　D. 492 680

55. 下列属于期货市场在微观经济中的作用的是(　　)。

A. 促进本国经济国际化　　B. 利用期货价格信号，组织安排现货生产

C. 为政府制定宏观经济政策提供参考　　D. 有助于市场经济体系的完善

56. 某套利者以63 200元/吨的价格买入1手10月份铜期货合约，同时以63 000元/吨的价格卖出1手12月份铜期货合约。过了一段时间后，将其持有头寸同时平仓，平仓价格分别为63 150元/吨和62 850元/吨。最终该笔投资的价差(　　)元/吨。

A. 扩大了100　　B. 扩大了200　　C. 缩小了100　　D. 缩小了200

57. 期货合约是期货交易所统一制定的、规定在(　　)和地点交割一定数量标的物的标准化合约。

A. 将来某一特定时间　　B. 当天　　C. 第二天　　D. 一个星期后

58. 下列商品，不属于上海期货交易所上市品种的是(　　)。

A. 铜　　B. 铝　　C. 白砂糖　　D. 天然橡胶

59. 生产经营者通过套期保值并没有消除风险，而是将其转移给了期货市场的风险承担者即(　　)。

A. 期货交易所　　B. 其他套期保值者　　C. 期货投机者　　D. 期货结算部门

60. 若市场处于反向市场，做多头的投机者应(　　)。

A. 买入交割月份较近的合约

B. 卖出交割月份较近的合约

C. 买入交割月份较远的合约

D. 卖出交割月份较远的合约

二、多项选择题（共40小题，每小题1分，共40分，以下备选项中有两项或两项以上符合题目要求，多选、少选、错选均不得分）。

61. 下列属于利率期货合约的是(　　)。

A. 3个月欧元拆借期货合约　　B. 9个月 EURIBOR

C. 3个月欧洲美元期货合约　　D. 3个月英镑利率期货

62. 下列关于期货投机交易和套期保值的描述，正确的有(　　)。

A. 期货投机交易通常为博取价差收益而主动承担相应的价格风险

B. 套期保值交易的目的是利用期货市场规避现货价格波动的风险

C. 期货投机交易是在期货市场上进行买空卖空，从而获得价差收益

D. 套期保值交易则是在现货市场与期货市场同时操作，以期达到对冲现货市场的价格波动风险

63. 就看涨期权而言，期权合约标的资产价格(　　)期权的执行价格时，内涵价值为零。

A. 大于　　B. 等于　　C. 小于　　D. 无关

64. 关于卖出看涨期权的损益（不计交易费用），下列说法正确的是(　　)。

A. 履约损益 = 执行价格 - 标的资产价格

B. 平仓损益 = 权利金卖出价 - 权利金买入价

C. 损益平衡点 = 执行价格 + 权利金

D. 最大收益 = 权利金

65. 下列策略中，行权后成为期货多头方的是(　　)。

A. 卖出期货合约的看涨期权

134. 若某投资者以 4 500 元/吨的价格买入 1 手大豆期货合约，为了防止损失，立即下达 1 份止损单，价格定于 4 480 元/吨，则下列操作合理的有(　　)。

A. 当该合约市场价格下跌到 4 460 元/吨时，下达 1 份止损单，价格定于 4 470 元/吨

B. 当该合约市场价格上涨到 4 510 元/吨时，下达 1 份止损单，价格定于 4 520 元/吨

C. 当该合约市场价格上涨到 4 530 元/吨时，下达 1 份止损单，价格定于 4 520 元/吨

D. 当该合约市场价格下跌到 4 490 元/吨时，立即将该合约卖出

135. 某大豆加工商为规避大豆现货价格上涨风险，做买入套期保值，买入 10 手期货合约建仓，当时的基差为 -30 元/吨，卖出平仓时的基差为 -60 元/吨，该加工商在套期保值中的盈亏状况是(　　)元。

A. 盈利 3 000　　B. 亏损 3 000　　C. 盈利 1 500　　D. 亏损 1 500

136. 某交易者以 260 美分/蒲式耳的执行价格卖出 10 手 5 月份玉米看涨期权，权利金为 16 美分/蒲式耳，与此同时买入 20 手执行价格为 270 美分/蒲式耳的 5 月份玉米看涨期权，权利金为 9 美分/蒲式耳，再卖出 10 手执行价格为 280 美分/蒲式耳的 5 月份玉米看涨期权，权利金为 4 美分/蒲式耳。这种卖出蝶式套利的最大可能亏损是(　　)美分/蒲式耳。

A. 4　　B. 6　　C. 8　　D. 10

137. 某客户开仓卖出大豆期货合约 20 手，成交价格为 2 020 元/吨，当天平仓 5 手合约，成交价格为 2 030元/吨，当日结算价格为 2 040 元/吨，交易保证金比例为 5%，则该客户当天需交纳的保证金为(　　)元。

A. 20 400　　B. 20 200　　C. 15 150　　D. 15 300

金应(　　)期货合约进行套期保值。

A. 买进 119 张　　B. 卖出 119 张　　C. 买进 157 张　　D. 卖出 157 张

11. 下列关于期货投机和套期保值交易的描述,正确的是(　　)。

A. 套期保值交易以较少资金赚取较大利润为目的　B. 两者均同时以现货和期货两个市场为对象

C. 期货投机交易通常以实物交割结束交易　　D. 期货投机交易以获取价差收益为目的

12. 下列选项属于蝶式套利的是(　　)。

A. 同时卖出 300 手 5 月份大豆期货合约、买入 700 手 7 月份大豆期货合约、卖出 400 手 9 月份大豆期货合约

B. 同时买入 300 手 5 月份大豆期货合约、卖出 600 手 5 月份豆油期货合约、卖出 300 手 5 月份豆粕期货合约

C. 同时买入 100 手 5 月份铜期货合约、卖出 700 手 7 月份铜期货合约、买入 400 手 9 月份铜期货合约

D. 同时买入 100 手 5 月份玉米期货合约、卖出 200 手 7 月份玉米期货合约、卖出 100 手 9 月份玉米期货合约

13. 在正向市场中熊市套利最突出的特点是(　　)。

A. 损失巨大而获利的潜力有限　　B. 没有损失

C. 只有获利　　D. 损失有限而获利的潜力巨大

14. 某投资者在 5 月 2 日以 20 美元/吨的权利金买入一张 9 月份到期的执行价格为 140 美元/吨的小麦看涨期权合约。同时以 10 美元/吨的权利金买入一张 9 月份到期执行价格为 130 美元/吨的小麦看跌期权。9 月时,相关期货合约价格为 150 美元/吨,则该投资者的投资结果是(　　)(每张合约 1 吨标的物,其他费用不计)。

A. 亏损 10 美元/吨　　B. 亏损 20 美元/吨　　C. 盈利 10 美元/吨　　D. 盈利 20 美元/吨

15. 芝加哥期货交易所的英文缩写是(　　)。

A. COMEX　　B. CME　　C. CBOT　　D. NYMEX

16. 对于期货交易来说,保证金比率越低,期货交易的杠杆作用(　　)。

A. 越大　　B. 越小　　C. 越不确定　　D. 越稳定

17. 债券 X 半年付息一次,债券 Y 一年付息一次,其他指标(剩余期限、票面利率、到期收益率)均相同,如果预期市场利率下跌,则理论上(　　)。

A. 两债券价格均上涨,X 上涨幅度高于 Y　　B. 两债券价格均下跌,X 下跌幅度高于 Y

C. 两债券价格均上涨,X 上涨幅度低于 Y　　D. 两债券价格均下跌,X 下跌幅度低于 Y

18. 如果期货合约的买方为开仓交易,卖方为平仓交易,则两者成交后总持仓量(　　)。

A. 增加　　B. 减少　　C. 不变　　D. 不确定

19. 期货合约标准化指的是除(　　)外,其所有条款都是预先规定好的,具有标准化的特点。

A. 交割日期　　B. 货物质量　　C. 交易单位　　D. 交易价格

20. 对买入套期保值而言,基差走强,套期保值效果是(　　)(不计手续费等费用)。

A. 期货市场和现货市场不能完全盈亏相抵,存在净亏损

B. 期货市场和现货市场能完全盈亏相抵且有净盈利

C. 现货市场盈利完全弥补期货市场亏损,完全实现套期保值

D. 以上说法都不对

90. 适合进行牛市套利的商品是(　　)。

A. 大豆　　B. 小麦　　C. 铜　　D. 糖

91. 下列关于沪深300股指期货合约主要条款的正确表述是(　　)。

A. 合约乘数为每点300元　　B. 最小变动价位为0.2点

C. 最低交易保证金为合约价值的10%　　D. 交割方式为实物交割

92. 形成反向市场的原因包括(　　)。

A. 近期市场需求疲软,现货价格大幅度下降

B. 预计市场未来供给将大幅度增加,期货价格大幅度下降

C. 近期市场需求迫切,现货价格大幅度上升

D. 预计市场未来供给将大幅度减少,期货价格大幅度上升

93. 下列有关心理因素对期货价格影响的表述,正确的有(　　)。

A. 当人们对市场信心十足时,即使没什么利好消息,价格也可能会上涨

B. 当人们对市场失去信心时,即使没什么利空因素,价格也会下跌

C. 当市场处于牛市时,一些微不足道的利好消息都会刺激投机者的做多心理,引起价格上涨,利空消息往往无法扭转价格坚挺的走势

D. 当市场处于熊市时,一些微不足道的利空消息都会刺激投机者的做空心理,引起价格下跌,利好消息往往无法扭转价格疲软的走势

94. 期货套利交易的作用包括(　　)。

A. 规避了现货价格波动风险　　B. 使不同期货合约价格之间的价差趋于合理

C. 有助于提高期货市场的流动性　　D. 提高了履约率

95. 关于看跌期权空头的损益,下列说法正确的是(　　)。

A. 平仓损益=权利金卖出价-权利金买入价　　B. 平仓损益=权利金卖出价+权利金买入价

C. 承担的风险小于看跌期权多头　　D. 最大收益=权利金

96. 在国际外汇市场上,(　　)采用间接标价法。

A. 欧元　　B. 英镑　　C. 日元　　D. 加拿大元

97. 在国际期货市场,持仓限额及大户报告制度的实施呈现如下特点(　　)。

A. 交易所可以根据不同期货品种及合约的具体情况和市场风险状况制定和调整持仓限额和持仓报告标准

B. 通常来说,一般月份合约的持仓限额及持仓标准高,临近交割时,持仓限额及持仓报告标准低

C. 持仓限额通常只针对一般投机头寸、套期保值头寸、风险管理头寸及套利头寸可以向期货交易所申请豁免

D. 套期保值头寸、风险管理头寸及套利头寸不可以向期货交易所申请豁免

98. 下列对于不同期权的时间价值说法,正确的有(　　)。

A. 平值期权和虚值期权的时间价值总是大于等于0

B. 平值期权和虚值期权的时间价值总是小于等于0

C. 美式期权的时间价值总是大于等于0

D. 实值欧式期权的时间价值可能小于0

99. 下列选项属于跨市套利的是(　　)。

A. 买入1手LME 3月份铜期货合约,同时卖出1手3月份上海期货交易所铜期货合约

127. 某交易者以 2 美元/股的价格买入某股票看跌期权 1 手，执行价格为 35 美元/股；以 4 美元/股的价格买入相同执行价格的该股票看涨期权 1 手，以上说法正确的是(　　)(合约单位为 100 股，不考虑交易费用)。

A. 当股票价格为 36 美元/股时，该交易者盈利 500 美元

B. 当股票价格为 36 美元/股时，该交易者亏损 500 美元

C. 当股票价格为 34 美元/股时，该交易者盈利 500 美元

D. 当股票价格为 34 美元/股时，该交易者亏损 300 美元

128. 7 月份，大豆的现货价格为 5 040 元/吨，某经销商打算在 9 月份买进 100 吨大豆现货，由于担心价格上涨，故在期货市场上进行套期保值操作，以 5 030 元/吨的价格买入 100 吨 11 月份大豆期货合约。9 月份时，大豆现货价格升至 5 060 元/吨，期货价格相应升为 5 080 元/吨，该经销商买入 100 吨大豆现货，并对冲原有期货合约。则下列说法正确的是(　　)。

A. 该市场由正向市场变为反向市场

B. 该市场上基差走弱 30 元/吨

C. 该经销商进行的是卖出套期保值交易

D. 该经销商实际买入大豆现货价格为 5 040 元/吨

129. 棉花期货的多空双方进行期转现交易。多头开仓价格为 10 210 元/吨，空头开仓价格为 10 630 元/吨，双方协议以 10 450 元/吨平仓，以 10 400 元/吨进行现货交收。若棉花交割成本 200 元/吨，则空头进行期转现交易比不进行期转现交易(　　)。

A. 节省 180 元/吨　　B. 多支付 50 元/吨　　C. 节省 150 元/吨　　D. 多支付 230 元/吨

130. 某股票当前市场价格为 64.00 港元，该股票看涨期权的执行价格为 67.50 港元，权利金为2.30港元，其内涵价值为(　　)港元。

A. 61.7　　B. 0　　C. -3.5　　D. 3.5

131. 某投资者在 5 月 2 日以 20 美元/吨的权利金买入一张 9 月份到期的执行价格为 140 美元/吨的小麦看涨期权合约，同时以 10 美元/吨的权利金买入一张 9 月份到期的执行价格为 130 美元/吨的小麦看跌期权合约，9 月份时，相关期货合约价格为 150 美元/吨，该投资人的投资结果是(　　)(每张合约 1 吨标的物，其他费用不计)。

A. 盈利 10 美元　　B. 亏损 20 美元　　C. 盈利 30 美元　　D. 盈利 40 美元

132. 某美国投资者买入 50 万欧元，计划投资 3 个月，但又担心期间欧元兑美元贬值，该投资者决定利用 CME 欧元期货进行空头套期保值(每张欧元期货合约为 12.5 万欧元)，假设当日欧元兑美元即期汇率为 1.443 2，3 个月后到期的欧元期货合约成交价格 EUR/USD 为 1.445 0，3 个月后，欧元兑美元即期汇率为 1.412 0，该投资者欧元期货合约平仓价格 EUR/USD 为 1.410 1。因汇率波动该投资者在现货市场(　　)万美元，在期货市场(　　)万美元。

A. 损失 1.75；获利 1.745　　B. 获利 1.75；获利 1.565

C. 损失 1.56；获利 1.745　　D. 获利 1.56；获利 1.565

133. 1 月，某购销企业与某食品厂签订合约，在两月后以 3 600 元/吨卖出 2 000 吨白糖，为规避价格上涨风险，该企业买入 5 月份交割的白糖期货合约 200 手(每手 10 吨)，成交价为 4 350 元/吨。至 3 月中旬，白糖现货价格已达 4 150 元/吨，期货价格也升至 4 780 元/吨。该企业采购白糖且平仓，结束套期保值。该企业在这次操作中(　　)。

A. 不盈不亏　　B. 盈利　　C. 亏损　　D. 无法判断

80. 影响股指期货期现套利交易总成本的因素包括(　　)等。

A. 借贷利率差　　B. 买卖手续费　　C. 市场冲击成本　　D. 持有期

81. 在分析市场利率和利率期货价格时,需要关注宏观经济数据以及变化,主要包括(　　)等。

A. 工业生产指数　　B. 消费者物价指数　　C. 国内生产总值　　D. 失业率

82. 期货市场的组织结构由(　　)组成。

A. 期货交易所　　B. 中介与服务机构　　C. 交易者　　D. 期货监督管理机构

83. 利用期货交易实现"风险对冲"须具备(　　)等条件。

A. 期货品种及合约数量的确定应保证期货与现货市场的价值变动大体相当

B. 期货头寸应与现货市场头寸相同或作为现货市场未来要进行的交易替代物

C. 期货头寸应与现货头寸相反或作为现货市场未来要进行的交易替代物

D. 期货头寸持有的时间段要与现货市场承担风险的时间段对应起来

84. 下列关于期货保证金存管银行的表述,正确的有(　　)。

A. 期货保证金存管银行简称存管银行,属于期货服务机构

B. 期货保证金存管银行由交易所指定,协助交易所办理期货交易结算业务

C. 证监会对期货保证金存管银行的期货结算业务进行监督管理

D. 期货保证金存管银行的设立是国内期货市场保证金封闭运行的必要环节,也是保障投资者资金安全的重要组织机构

85. 下列说法中,正确的是(　　)。

A. 当看涨期权的执行价格低于当时的标的物价格时,该期权为实值期权

B. 当看涨期权的执行价格高于当时的标的物价格时,该期权为实值期权

C. 当看跌期权的执行价格远远低于当时的标的物价格时,该期权为深度虚值期权

D. 当看跌期权的执行价格高于当时的标的物价格时,该期权为实值期权

86. 期货投资者预期市场利率上升,其合理的判断和操作策略是(　　)。

A. 债券价格将上涨　　B. 债券价格将下跌

C. 适宜选择多头策略　　D. 适宜选择空头策略

87. 下列属于基差走强的情形有(　　)。

A. 基差为正且数值越来越大　　B. 基差为负值且绝对值越来越小

C. 基差为正且数值越来越小　　D. 基差从正值变负值

88. 下列属于实值期权的有(　　)。

A. 玉米看涨期货期权,执行价格为 3.35 美元/蒲式耳,标的期货合约价格为 3.5 美元/蒲式耳

B. 大豆看跌期货期权,执行价格为 6.35 美元/蒲式耳,标的期货合约价格为 6.5 美元/蒲式耳

C. 大豆看涨期货期权,执行价格为 6.55 美元/蒲式耳,标的期货合约价格为 6.5 美元/蒲式耳

D. 玉米看跌期货期权,执行价格为 3.75 美元/蒲式耳,标的期货合约价格为 3.6 美元/蒲式耳

89. 某投资者卖出一张 9 月到期,执行价格为 875 美分/蒲式耳的大豆期货看涨期权,该投资者了结该期权的可能的方式有(　　)。

A. 接受买方行使权利,买入期权标的物

B. 接受买方行使权利,卖出期权标的物

C. 卖出相同期限、相同合约月份且执行价格相同的大豆期货看涨期权平仓

D. 买入相同期限、相同合约月份且执行价格相同的大豆期货看涨期权平仓

50.(　　)的所有品种均采用集中交割的方式。

A. 大连商品交易所　　B. 郑州商品交易所

C. 上海期货交易所　　D. 中国金融期货交易所

51. 在正向市场上,若某投机者采用牛市套利策略,则他希望将来两份合约的价差(　　)。

A. 扩大　　B. 缩小　　C. 不变　　D. 无规律

52. 某一特定地点某种商品或资产的现货价格与相同商品或资产的某一特定期货合约价格间的价差称为(　　)。

A. 价差　　B. 基差　　C. 差价　　D. 套价

53. 关于合约交割月份,以下表述不当的是(　　)。

A. 合约交割月份是指某种期货合约到期交割的月份

B. 商品期货合约交割月份的确定,受该合约标的商品生产、使用方面的特点影响

C. 目前各国交易所交割月份只有以固定月份为交割月这一种规范交割方式

D. 商品期货合约交割月份的确定,受该合约标的商品的储藏、流通方面的特点影响

54. 下列叙述中正确的是(　　)。

A. 维持保证金是当投资者买入或卖出一份期货合约时存入经纪人账户的一定数量的资金

B. 维持保证金是最低保证金价值,低于这一水平期货合约的持有者将收到要求追加保证金的通知

C. 所有的期货合约都要求同样多的保证金

D. 维持保证金是由标的资产的生产者来确定的

55. 大连商品交易所滚动交割的交割结算价为(　　)结算价。

A. 申请日　　B. 交收日

C. 配对日　　D. 最后交割日

56. 下列关于期货交易特征的描述中,不正确的是(　　)。

A. 期货交易必须在期货交易所内进行

B. 由于期货合约的标准化,交易双方不需要对交易的具体条款进行协商

C. 期货交易所实行会员制,只有会员才能进场交易

D. 杠杆机制使期货交易具有高风险高收益的特点,并且保证金比率越高,这种特点就越明显

57. 某日,英国银行公布的外汇牌价为1英镑兑1.21美元,这种外汇标价方法是(　　)。

A. 美元标价法　　B. 浮动标价法

C. 直接标价法　　D. 间接标价法

58. 在互补商品中,一种商品价格的上升会引起另一种商品需求量的(　　)。

A. 增加　　B. 减少　　C. 不变　　D. 不一定

59. 某交易者卖出4张欧元期货合约,成交价为1.321 0美元/欧元,后又在1.325 0美元/欧元价位上全部平仓(每张合约的金额为12.5万欧元),在不考虑手续费情况下,这笔交易(　　)美元。

A. 盈利500　　B. 亏损500　　C. 亏损2 000　　D. 盈利2 000

60. 通常情况下,卖出看涨期权者的收益(　　)(不计交易费用)。

A. 随着标的物价格的大幅波动而增加

B. 最大为权利金

C. 随着标的物价格的下跌而增加

D. 随着标的物价格的上涨而增加

38. 在空头避险策略中，下列基差值的变化对于避险策略不利的是（　　）。

A. 基差值为正，而且绝对值变大　　B. 基差值为负，而且绝对值变小

C. 基差值为正，而且绝对值变小　　D. 无法判断

39. 下列属于期货市场在宏观经济中的作用的是（　　）。

A. 为政府宏观调控提供参考依据

B. 锁定生产成本，实现预期利润

C. 利用期货价格信号，组织安排现货生产

D. 期货市场拓展现货销售和采购渠道

40. 下列关于止损单的表述中，正确的是（　　）。

A. 止损单中的价格不能太接近于当时的市场价格

B. 止损单中的价格应该接近于当时的市场价格，以便价格有波动时尽快平仓

C. 止损单中价格选择可以用基本分析法确定

D. 止损指令过大，能够避开噪音干扰，所以能够保证收益较大

41. 2 月 20 日，某投机者以 200 点的权利金（每点 10 美元）买入 1 张 12 月份到期，执行价格为9 450点的道·琼斯指数美式看跌期权。如果至到期日，该投机者放弃期权，则他的损失是（　　）美元。

A. 200　　B. 400　　C. 2 000　　D. 4 000

42. 根据参与期货交易的动机不同，期货交易者可分为投机者和（　　）。

A. 做市商　　B. 套期保值者　　C. 会员　　D. 客户

43. 第一个推出外汇期货合约的交易所是（　　）。

A. 纽约期货交易所　　B. 大连商品交易所

C. 芝加哥商业交易所　　D. 芝加哥期货交易所

44. 期货交易流程中，客户办理开户登记的正确程序为（　　）。

A. 签署合同→风险揭示→缴纳保证金　　B. 风险揭示→签署合同→缴纳保证金

C. 缴纳保证金→风险揭示→签署合同　　D. 缴纳保证金→签署合同→风险揭示

45. 上海铜期货市场某一合约的卖出价格为 16 500 元/吨，买入价格为 16 510 元/吨，前一成交价为 16 490元/吨，那么该合约的撮合成交价应为（　　）元/吨。

A. 16 505　　B. 16 490　　C. 16 500　　D. 16 510

46. 下列不属于期货交易所风险控制制度的是（　　）。

A. 当日无负债结算制度　　B. 持仓限额和大户报告制度

C. 定点交割制度　　D. 保证金制度

47. 期货市场上套期保值的效果主要是由（　　）决定的。

A. 现货价格的变动程度　　B. 期货价格的变动程度

C. 基差的变动程度　　D. 交易保证金水平

48. 建仓时，当远期月份合约的价格（　　）近期月份合约的价格时，做空头的投机者应该卖出近期月份合约。

A. 等于　　B. 低于　　C. 大于　　D. 接近于

49. 在正向市场上，某交易者下达套利限价指令：买入 5 月菜籽油期货合约，卖出 7 月菜籽油期货合约，限价价差为 40 元/吨。若该指令成交，则成交的价差应（　　）元/吨。

A. 40　　B. 不高于 40　　C. 不低于 40　　D. 无法确定

第一部分　真题题库

《期货及衍生品基础》真题试卷(一)

答题卡

本试卷采用虚拟答题卡技术，自动评分

考生扫描右侧二维码，将答题选项填入虚拟答题卡中，题库系统可自动统计答题得分，生成完整的答案及解析。题库系统根据考生答题数据，自动收集整理错题，记录考生薄弱知识点，方便考生在题库系统中查漏补缺。

一、单项选择题(共60题，每小题0.5分，共30分，以下备选项中只有一项最符合题目要求，不选、错选均不得分)。

1. 交易者以75 200元/吨卖出2手铜期货合约，并欲将最大亏损限制为100元/吨，因此下达止损指令时设定的价格应为(　　)元/吨(不计手续费等费用)。

A. 75 100　　B. 75 200　　C. 75 300　　D. 75 400

2. 某套利者买入5月份菜籽油期货合约同时卖出9月份菜籽油期货合约，成交价格分别为10 150元/吨和10 110元/吨，结束套利时，平仓价格分别为10 125元/吨和10 175元/吨。该套利者平仓时的价差为(　　)元/吨。

A. 50　　B. −50　　C. 40　　D. −40

3. (　　)是投机者用来限制损失、累积盈利的有力工具。

A. 套期保值指令　　B. 止损指令

C. 取消指令　　D. 市价指令

4. 依照法律法规和国务院授权，统一监督管理全国证券期货市场的是(　　)。

A. 中国证监会　　B. 中国证券业协会　　C. 证券交易所　　D. 中国期货业协会

5. 判断某种市场趋势下行情的涨跌幅度与持续时间的分析工具是(　　)。

A. 周期分析法　　B. 基本分析法　　C. 个人感觉　　D. 技术分析法

6. (　　)是负责期货交易所日常经营管理工作的高级管理人员。

A. 董事长　　B. 董事会　　C. 秘书　　D. 总经理

7. 交易者卖出3张股票期货合约，成交价格为35.15港元/股，之后以35.55港元/股的价格平仓。已知每张合约为5 000股，若不考虑交易费用，该笔交易(　　)。

A. 盈利6 000港元　　B. 亏损6 000港元　　C. 盈利2 000港元　　D. 亏损2 000港元

8. 1月份，铜现货价格为59 100元/吨，铜期货合约的价格为59 800元/吨，则其基差为(　　)元/吨。

A. 700　　B. −700　　C. 100　　D. 800

9. 实物交割时，一般是以(　　)实现所有权转移的。

A. 签订转让合同　　B. 商品送抵指定仓库

C. 标准仓单的交收　　D. 验货合格

10. 4月1日，某股票指数为1 400点，市场年利率为5%，年股息率为1.5%，若采用单利计算法，则6月30日交割的该股票指数期货合约的理论价格为(　　)点。

A. 1 400　　B. 1 412.25　　C. 1 420.25　　D. 1 424

127. D 【解析】设大豆交收价格为 X 元/吨。甲期转现的实际采购成本为 $X-(3\,160-3\,000)$，乙的实际售价为 $X+(3\,200-3\,160)$。对甲和乙都有利，应满足下列条件。

$$\begin{cases}X-(3\,160-3\,000)<3\,000(\text{对甲有利})\\X+(3\,200-3\,160)>3\,200-80(\text{对乙有利})\end{cases}$$

解得：$3\,080<X<3\,160$，即当交收大豆价格的取值范围大于3 080，小于3 160时，期转现对甲和乙都有利，所以取值3 110元/吨，期转现对甲和乙都有利。

128. D 【解析】该投资者担心欧元汇价下跌，因此应进行空头套期保值，卖出期货合约。每手欧元期货合约为12.5万欧元，欧元总值为50万，因此需要4手欧元期货进行套期保值。综上所述，应卖出4手欧元期货合约。

129. B 【解析】卖出看涨期权的损益平衡点 = 执行价格 + 权利金 = 1 025 + 55 = 1 080(美分/蒲式耳)。

130. B 【解析】该股票组合用指数点表示时，利息 = 15 000 × 6% × (3/12) = 225(点)，红利5 000港元相当于100个指数点(每点50港元)，再计剩余两个月的利息100 × 6% × 2/12 = 1(点)，因此本利和 = 100 + 1 = 101(点)，净持有成本 = 225 − 101 = 124(点)，因此该股票组合的合理价格 = 15 000 + 124 = 15 124(点)。

131. A 【解析】计算机交易系统一般将买卖申报单以价格优先、时间优先的原则进行排序。当买入价大于等于卖出价则自动撮合成交，撮合成交价等于买入价(bp)、卖出价(sp)和前一成交价(cp)三者中居中的一个价格，即：当 $bp \geqslant sp \geqslant cp$，则最新成交价 $=sp$；当 $bp \geqslant cp \geqslant sp$，则最新成交价 $=cp$；当 $cp \geqslant bp \geqslant sp$，则最新成交价 $=bp$。所以本题中的成交价依次为21，20，24。

132. A 【解析】基差 = 现货价格 − 期货价格 = 67 000 − 67 500 = −500(元/吨)。

133. C 【解析】套利者进行的是跨币种套利交易。6月10日，买入100手6月期瑞士法郎期货合约开仓，总价值：100 × 125 000 × 0.876 4 = 10 955 000(美元)；卖出72手6月期欧元期货合约开仓，总价值：72 × 125 000 × 1.210 6 = 10 895 400(美元)。6月20日，卖出100手6月期瑞士法郎期货合约平仓，总价值：100 × 125 000 × 0.906 6 = 11 332 500(美元)；买入72手6月期欧元期货合约平仓，总价值：72 × 125 000 × 1.239 0 = 11 151 000(美元)。瑞士法郎盈利：11 332 500 − 10 955 000 = 377 500(美元)；欧元损失：11 151 000 − 10 895 400 = 255 600(美元)，则套利结果为盈利：377 500 − 255 600 = 121 900(美元)。

134. C 【解析】本题中，10年期国债期货的合约面值为100 000美元，合约面值的1%为1个点，即1个点代表1 000美元；报价以点和多少1/32点的方式进行，1/32点代表31.25美元。10年期国债期货2009年6月合约交割价为125−160，表明该合约价值为1 000 × 125 + 31.25 × 16 = 125 500(美元)，买方必须付出125 500 × 0.9105 + 100 000 × 4.5% × 4/12 = 115 767.75(美元)。

135. C 【解析】该交易者卖出价格较高的合约，同时买入价格较低的合约，该策略为卖出套利，价差缩小盈利。建仓时价差 = 9 780 − 9 710 = 70(元/吨)。选项A，平仓价差 = 9 850 − 9 810 = 40(元/吨)；选项B，平仓价差 = 9 840 − 9 860 = −20(元/吨)；选项C，平仓价差 = 9 820 − 9 720 = 100(元/吨)；选项D，平仓价差 = 9 860 − 9 840 = 20(元/吨)。选项A、B、D价差均缩小，该交易者是盈利的。

136. B 【解析】小麦期货合约每手 = 5 000蒲式耳，则跨市套利损益如下表所示。

7月30日	卖出100手堪所12月份小麦期货合约，价格为650美分/蒲式耳	买入100手芝所12月份小麦期货合约，价格为660美分/蒲式耳
8月10日	买入100手堪所12月份小麦期货合约，价格为640美分/蒲式耳	卖出100手芝所12月份小麦期货合约，价格为655美分/蒲式耳
套利结果	每手获利10美分/蒲式耳	每手损失5美分/蒲式耳
总盈亏情况	净获利 = (0.1 − 0.05) × 100 × 5 000 = 25 000(美元)	

137. C 【解析】卖出看涨期权的损益平衡点 = 执行价格 + 权利金 = 540 + 35 = 575(美元/蒲式耳)。

138. C 【解析】平仓时，投机者盈利：[(1 280 − 1 260) − (1 300 − 1 290)] × 250 × 10 = 25 000(美元)。

	9月标准普尔500指数	12月标准普尔500指数
4月20日	买入，1 300点，10张	卖出，1 280点，10张
5月20日	卖出，1 290点，10张	买入，1 260点，10张
盈亏	亏损10点	盈利20点
净损益	净盈利 = 10 × 10 × 250 = 25 000(美元)	

139. D 【解析】买入套期保值过程如下表所示。

时间＼价格	现货市场	期货市场	基差
3月5日	现货价格19 700元/吨	买入7月份铝期货，19 900元/吨	−200元/吨
6月5日	买入现货价格17 500元/吨	卖出7月份铝期货，18 100元/吨	−600元/吨
盈亏	相当于盈利2 200元/吨	亏损1 800元/吨	走弱400元/吨
净损益	净盈利400元/吨		

跨品种套利指令。大连商品交易所则采用了市价指令、限价指令、止损指令、停止限价指令、跨期套利指令和跨品种套利指令。我国境内各交易所的指令均为当日有效。在指令成交前，投资者可以提出变更和撤销。

50. B 【解析】首席风险官发现涉嫌占用、挪用客户保证金等违法违规行为或者可能发生风险的，应当立即向住所地中国证监会派出机构和公司董事会报告。

51. B 【解析】商品交易顾问是指可以向他人提供买卖期货、期权合约指导或建议，或以客户名义进行操作的自然人或法人。

52. A 【解析】风险防范成为期货公司法人治理结构建立的立足点和出发点，风险控制体系成为公司法人治理结构的核心内容。

53. B 【解析】当买入价大于、等于卖出价时则自动撮合成交，撮合成交价等于买入价(*bp*)、卖出价(*sp*)和前一成交价(*cp*)三者中居中的一个价格。$cp \geqslant bp \geqslant sp$，则最新成交价 $= bp$。

54. C 【解析】商品市场本期的需求量包括国内消费量、出口量、期末商品结存量等。

55. B 【解析】大连商品交易所豆粕期货合约的交易单位为"10 吨/手"，则每手合约的最小变动值是为 $1 \times 10 = 10$(元)。

56. B 【解析】我国目前期货交易所的结算机构均是作为交易所的内部机构来设立的。

57. A 【解析】国际期货持仓限额及大户报告制度的特点：①交易所可以根据不同期货品种及合约的具体情况和市场风险状况制定和调整持仓限额和持仓报告标准。②通常来说，一般月份合约的持仓限额及持仓报告标准高，临近交割时，持仓限额及持仓报告标准低。③持仓限额通常只针对一般投机头寸，套期保值头寸、风险管理头寸及套利头寸可以向交易所申请豁免持仓限额。

58. B 【解析】加工商和其制造商需买入大量原材料，适用买入套期保值中预计未来要购买某种商品或资产，购买价格尚未确定时，担心市场价格上涨，使其购入成本提高的情况，所以多采用买入套期保值，以避免价格上涨的风险；而农场主和其生产经营者需卖出大量农产品，适用卖出套期保值中持有某种商品或资产(此时持有现货多头头寸)，担心市场价格下跌，使其持有的商品或资产的市场价值下降，或者其销售收益下降的情形，所以多采用卖出套期保值，以避免价格下跌的风险。

59. D 【解析】无论是在正向市场还是在反向市场，卖出较近月份的合约同时买入远期月份的合约进行套利盈利的可能性比较大，这种套利为熊市套利。

60. A 【解析】看涨期权的内涵价值 $= \text{Max}(S-K,0) = \text{Max}(1\,300-1\,280,0) = 20$(美分)，故该期权为实值期权即内涵价值大于 0 的期权。

二、多项选择题

61. ABCD 【解析】期权交易的最基本策略有买进看涨期权、买进看跌期权、卖出看涨期权、卖出看跌期权四种。

62. ABD 【解析】股指期货的理论价差：$F(T_2) - F(T_1) = S(r-d)(T_2-T_1)/365$，公式中的各个变量都与理论价差有关，其中，$F(T_1)$ 为近期股指期货价格；$F(T_2)$ 为远期股指期货价格；S 为标的股票指数价格；r 为市场利率；d 为股息率。选项 A、B、D 正确

63. AC 【解析】目前，国内三家商品期货交易所的期货行情的成交量和持仓量数据按双边计算，中国金融期货交易所期货行情的成交量和持仓量数据按单边计算。

64. AD 【解析】卖出套期保值又称空头套期保值，指套期保值者通过在期货市场建立空头头寸，预期对冲其目前持有的或者未来将卖出的商品或资产的价格下跌风险的操作。

65. ABD 【解析】买入套期保值基差走弱存在净盈利。

66. ABD 【解析】沪深 300 股指期货合约的合约月份为当月、下月及随后两个季月。

67. ABD 【解析】高级管理人员是指期货公司的总经理、副总经理、首席风险官、财务负责人、营业部负责人以及实际履行上述职务的人员。

68. ABC 【解析】卖出套期保值一般可运用于如下一些情形：①持有某种商品或资产(此时持有现货多头头寸)，担心市场价格下跌，使其持有的商品或资产市场价值下降，或者其销售收益下降。②已经按固定价格买入未来交收的商品或资产(此时持有现货多头头寸)，担心市场价格下跌，使其商品或资产市场价值下降或其销售收益下降。③预计在未来要销售某种商品或资产，但销售价格尚未确定，担心市场价格下跌，使其销售收益下降。

69. ABCD 【解析】交易指令的内容一般包括期货交易的品种及合约月份、交易方向、数量、价格、开平仓等。

70. ABCD 【解析】期货市场交易的基本制度包括保证金制度、当日无负债结算制度、涨跌停板制度、持仓限额及大户报告制度、强行平仓制度和信息披露制度。

71. BC 【解析】在我国，客户在期货公司开户时，须签字的文件包括"期货交易风险说明书"和"期货经纪合同"。

72. AB 【解析】跨期套利是指在同一市场(交易所)同时买入、卖出同一期货品种的不同交割月份的期货合约，以期在有利时机同时将这些期货合约对冲平仓获利。

73. AD 【解析】实值期权，也称期权处于实值状态，它是指执行价格低于标的资产价格的看涨期权和执行价格高于标的资产价格的看跌期权。

74. AB 【解析】期权的权利金由内涵价值和时间价值组成。

75. ABD 【解析】K 线图中的每一根 K 线标示了某一交易时间段中的开盘价(第一笔成交价)、收盘价(最后一笔成交价)、最高价和最低价；每一笔成交价都在图中显示；上影线的长度表

图书在版编目(CIP)数据
期货及衍生品基础:期货基础知识/期货从业人员资格考试命题研究组编著.—北京:中国财富出版社,2018.9
(全国期货从业人员资格考试.机考题库与高频考点)
ISBN 978-7-5047-6744-8

Ⅰ.①期… Ⅱ.①期… Ⅲ.①期货交易-资格考试-自学参考资料 Ⅳ.①F830.9

中国版本图书馆CIP数据核字(2018)第216073号

策划编辑 李彩琴　　责任编辑 戴海林 杨恩磊 杨白雪
责任印制 尚立业　　责任校对 杨小静　　责任发行 王新业

出版发行 中国财富出版社
社　　址 北京市丰台区南四环西路188号5区20楼　　邮政编码 100070
电　　话 010-52227588转2048/2028(发行部)　010-52227588转321(总编室)
　　　　 010-68589540(读者服务部)　010-52227588转305(质检部)
网　　址 http://www.cfpress.com.cn
经　　销 新华书店
印　　刷 三河市富华印刷包装有限公司
书　　号 ISBN 978-7-5047-6744-8/F·2937
开　　本 787mm×1092mm　1/8　　版　　次 2019年1月第1版
印　　张 7.5　　印　　次 2019年1月第1次印刷
字　　数 265千字　　定　　价 29.00元

前言

智能考试学习系统

期货从业人员资格考试是期货从业准入性质的入门考试，是全国性的执业资格考试。考
中国证监会监督指导，由中国期货业协会主办。

目前，期货从业人员资格考试科目为“期货基础知识”与“期货法律法规”，考试用书
为《期货及衍生品基础》和《期货法律法规》。期货从业资格考试目前已全面实行无纸化上
试。考试题型有四种，分别是单项选择题、多项选择题、判断题和综合题。

为了更好地帮助广大考生顺利通过期货从业人员资格考试，我们组织国内金融领域名师
家，精心分析考试大纲及新题库真题，编写了本书。真题是最能反映命题思路的复习资料，
极高的参考价值。基于此，本书定位于真题题库，为考生提供6套真题试卷（书中4套，软
6套）、2套押题试卷（书中1套，软件中2套）和2套模拟试卷（全部在软件中）。考生在备
时运用本书及配套软件，认真练习并吃透答案解析，定能熟练掌握常考考点，有效缩短备考
间，提高复习效率。

本书配套智能题库软件特色

随书赠送的智能题库采用高科技数据挖掘与追踪技术，有效记录考生做题数据，考生在备
中充分利用智能题库能达到更好的复习效果。智能题库具有以下特色。

1. 功能实用，满足不同的学习需求

智能题库中包含大量考试真题、模拟题、押题。同时，为考生提供了多样化的练习方式，
括章节练习、考点速记、真题必练、模拟押题、错题训练等功能。考生充分利用智能题库，能
有效巩固考生所学知识，并通过记录做题数据，方便考生查漏补缺、攻克薄弱知识点（这是纸
练习无法实现的）。

2. 配套全真机考，迎合机考形式

机考与传统笔试有较大区别，智能题库中包含“全真机考”功能，模拟真实考场环境、考
流程，方便考生提前熟悉真考环境和考试流程。

3. 兼容性强，适合手机、电脑、平板学习

智能题库包含微信版和网页版两种，考生可以在不同的学习环境下使用，充分利用学习
间。智能题库微信版和网页版数据同步，能有效记录考生的做题和学习进度。智能题库激活方
参见本书封底。

尽管研究组成员精益求精，但书中难免存在不足和错漏之处，敬请广大读者批评指正。联
邮箱为 weilaijiaoyucaijing@ foxmail.com。

祝所有应考人员考试成功！

期货从业人员资格考试命题研究组

交易者以 2 美元/股的价格卖出了一张执行价格为 105 美元/股的某股票看涨期权(合约单位为 00 股)。当标的股票价格为 103 美元/股,期权权利金为 1 美元时,该交易者对冲了结,其损益为(　　)美元(不考虑交易费用)。

A. 1　　B. －1　　C. 100　　D. －100

代理客户进行期货交易并收取交易佣金的中介组织是(　　)。

A. 期货公司　　B. 介绍经纪商　　C. 居间人　　D. 期货信息资讯机构

买汽油期货和燃料油期货合约,同时卖原油期货合约,属于(　　)。

A. 蝶式套利　　B. 熊市套利

C. 相关商品间的套利　　D. 原料与成品间的套利

(　　)的出现,使期货市场发生了翻天覆地的变化,彻底改变了期货市场的格局。

A. 远期现货　　B. 商品期货　　C. 金融期货　　D. 期货期权

目前我国的期货结算机构(　　)。

A. 独立于期货交易所　　B. 只提供结算服务

C. 属于期货交易所的内部机构　　D. 以上都不对

上海期货交易所大户报告制度规定,当客户某品种持仓合约的投机头寸达到交易所规定的投机头寸持仓限量(　　)以上(含本数)时,会员或客户应向交易所报告其资金和头寸情况。

A. 50%　　B. 80%　　C. 70%　　D. 60%

. 下列商品中,不属于大连商品交易所上市品种的有(　　)。

A. 大豆　　B. 豆油　　C. 豆粕　　D. 燃料油

. 当交易者保证金余额不足以维持保证金水平时,清算所会通知经纪人发出追加保证金的通知,要求交易者在规定时间内追缴保证金以使其达到(　　)水平。

A. 维持保证金　　B. 初始保证金　　C. 最低保证金　　D. 追加保证金

). 如果某种期货合约当日无成交,则作为当日结算价的是(　　)。

A. 上一交易日开盘价　　B. 上一交易日结算价　　C. 上一交易日收盘价　　D. 本月平均价

0. 在 7 月时,CBOT 小麦市场的基差为 －2 美分/蒲式耳,到了 8 月,基差变为 5 美分/蒲式耳,表明市场状态从正向市场转变为反向市场,这种变化为基差(　　)。

A. "走强"　　B. "走弱"　　C. "平稳"　　D. "缩减"

1. 看跌期权卖出者被要求执行期权后,会取得(　　)。

A. 相关期货的空头　　B. 相关期货的多头　　C. 相关期权的空头　　D. 相关期权的多头

22. 期货市场高风险的主要原因是(　　)。

A. 价格波动　　B. 非理性投机　　C. 杠杆效应　　D. 对冲机制

23. 美式期权的期权费比欧式期权的期权费(　　)。

A. 低　　B. 高　　C. 费用相等　　D. 不确定

24. 当香港恒生指数从 16 000 点跌到 15 980 点时,恒指期货合约的实际价格波动为(　　)港元。

A. 10　　B. 1 000　　C. 799 500　　D. 800 000

25. 下列形态中,属于反转形态的是(　　)。

A. 三重顶形态　　B. 三角形形态　　C. 矩形形态　　D. 旗形形态

26. 在进行套利时,交易者主要关注的是合约之间的(　　)。

A. 相互价格关系　　B. 绝对价格关系　　C. 交易品种的差别　　D. 交割地的差别

27. 在使用限价指令进行套利时，交易者应指明(　　)。

A. 买入期货合约的绝对价格
B. 卖出期货合约的绝对价格
C. 买卖期货合约的绝对价格
D. 买卖期货合约之间的价差

28. 按照交易标的期货可以划分为商品期货和金融期货，以下属于金融期货的是(　　)。

A. 农产品期货　B. 有色金属期货　C. 能源期货　D. 国债期货

29. 公司财务主管预期在不久的将来收到100万美元，他希望将这笔钱投资在90天到期的国库券。保护投资免受短期利率下降带来的损害，投资人很可能(　　)。

A. 购买长期国债的期货合约
B. 出售短期国库券的期货合约
C. 购买短期国库券的期货合约
D. 出售欧洲美元的期货合约

30. 1月1日，某人以420美元的价格卖出一份4月份的标准普尔指数期货合约，如果2月1日该期价格升至430美元，则2月1日平仓时将(　　)(一份标准普尔指数期货单位是250美元，不考交易费用)。

A. 损失2 500美元　B. 损失10美元　C. 盈利2 500美元　D. 盈利10美元

31. 某投资者买入一份欧式期权，则他可以在(　　)行使自己的权利。

A. 到期日
B. 到期日前任何一个交易日
C. 到期日前一个月
D. 到期日后某一交易日

32. 一个投资者以13美元购入一份看涨期权，标的资产协定价格为90美元，而该资产的市场定价100美元，则该期权的内涵价值和时间价值分别是(　　)。

A. 内涵价值为3美元，时间价值为10美元
B. 内涵价值为0美元，时间价值为13美元
C. 内涵价值为10美元，时间价值为3美元
D. 内涵价值为13美元，时间价值为0美元

33. (　　)是产生期货投机的动力。

A. 低收益与高风险并存
B. 高收益与高风险并存
C. 低收益与低风险并存
D. 高收益与低风险并存

34. 1865年，(　　)开始实行保证金制度，向签约双方收取不超过合约价值10%的保证金，作为履约保证。

A. 泛欧交易所　B. 上海期货交易所　C. 东京期货交易所　D. 芝加哥期货交易所

35. 我国期货交易所会员可由(　　)组成。

A. 自然人和法人
B. 法人
C. 境内登记注册的企业法人
D. 境外登记注册的机构

36. 沪深300股指期货合约在最后交易日的涨跌停板幅度为(　　)。

A. 上一交易日收盘价的±20%
B. 上一交易日结算价的±10%
C. 上一交易日收盘价的±10%
D. 上一交易日结算价的±20%

37. 在期货市场上，套期保值者的原始动机是(　　)。

A. 通过期货市场寻求利润最大化
B. 通过期货市场获取更多的投资机会
C. 通过期货市场寻求价格保障，消除现货交易的价格风险
D. 通过期货市场寻求价格保障，规避现货交易的价格风险

项选择题（共40小题，每小题1分，共40分，以下备选项中有两项或两项以上符合题目要求，多选、错选均不得分）。

列属于会员制期货交易所特征的是（　　）。

. 不以营利为目的

. 以营利为目的，追求交易所利润最大化

. 一般适用民法的有关规定

). 最高权力机构是会员大会

买进看涨期权的目的是（　　）。

A. 获取价差收益　　B. 博取杠杆收益

C. 限制交易风险或保护多头　　D. 锁定现货市场风险

目前我国期货市场已上市的品种有（　　）等。

A. 螺纹钢　　B. 黄金　　C. PTA　　D. 白银

当供给和需求曲线移动时，引起均衡数量的变化不确定的有（　　）。

A. 需求曲线和供给曲线同时向右移动　　B. 需求曲线和供给曲线同时向左移动

C. 需求曲线向右移动而供给曲线向左移动　　D. 需求曲线向左移动而供给曲线向右移动

下列关于期权特点的说法，正确的有（　　）。

A. 期权买方取得的权利是买入或卖出的

B. 期权买方在未来买卖标的物的价格是事先规定的

C. 期权买方只能买进标的物，卖方只能卖出标的物

D. 期权买方在未来买卖标的物的价格视未来标的物实际价格而定

. 关于期货结算机构职能的表述，正确的有（　　）。

A. 当期货交易成交之后，买卖双方缴纳一定的保证金，结算机构就承担起保证每笔交易按期履约的责任

B. 由于结算机构的出现，结算会员及其客户不可以随时对冲合约

C. 结算机构采用发放结算单或电子传输等方式向会员提供当日盈亏等结算数据

D. 结算机构担保履约，往往是通过对会员保证金的结算和动态监控实现的

7. 某交易者以36 980元/吨买入20手天然橡胶期货合约后，符合金字塔式增仓原则的有（　　）。

A. 价格上涨后，再以37 000元/吨买入15手天然橡胶期货合约

B. 价格上涨后，再以36 990元/吨买入25手天然橡胶期货合约

C. 价格下跌后，再以36 900元/吨买入15手天然橡胶期货合约

D. 价格下跌后，不再购买

68. 关于上海期货交易所的表述，正确的有（　　）。

A. 理事会是常设机构　　B. 会员以期货公司会员为主

C. 理事会下设专门委员会　　D. 董事会是常设机构

69. 在进行股指期现套利时，套利应该（　　）。

A. 在期指处于无套利区间的上界之上进行正向套利

B. 在期指处于无套利区间的上界之下进行正向套利

C. 在期指处于无套利区间的下界之上进行反向套利

D. 在期指处于无套利区间的下界之下进行反向套利

70. 下列关于卖出看涨期权的说法(不计交易费用),正确的有(　　)。

A. 最大风险为损失全部权利金

B. 最大收益为所收取的全部权利金

C. 盈亏平衡点 = 执行价格 + 权利金

D. 标的资产市场价格越高,对期权卖方越不利

71. 外汇期权按期权持有者可行使交割权利时间的不同分为(　　)。

A. 买入期权　　B. 卖出期权　　C. 欧式期权　　D. 美式期权

72. 比较典型的持续形态有(　　)。

A. 三角形态　　B. 矩形形态　　C. 旗形形态　　D. 楔形形态

73. 与电子交易方式相比,公开喊价具有的优势是(　　)。

A. 维护公开、公平、公正的定价原则

B. 突破时空的限制

C. 更加准确和连续

D. 活跃市场气氛

74. 关于期权交易,下列说法错误的有(　　)。

A. 期权卖方想获得权利必须向买方支付一定数量的权利金

B. 期权买方取得的权利是未来的

C. 期权买方可以买进标的物,但不可以卖出标的物

D. 买方仅承担有限风险,却拥有巨大的获利潜力

75. 在(　　)情况下,牛市套利可以获利。

A. 远月合约价格高于近月合约价格,价差由 10 元变为 20 元

B. 远月合约价格低于近月合约价格,价差由 10 元变为 20 元

C. 远月合约价格高于近月合约价格,价差由 10 元变为 5 元

D. 远月合约价格低于近月合约价格,价差由 10 元变为 5 元

76. 期货市场套利交易的作用有(　　)。

A. 促进价格发现　　B. 促进交易的流畅化和价格的理性化

C. 有助于合理价差关系的形成　　D. 有助于市场流动性的提高

77. 下列关于期权头寸的了结方式说法正确的有(　　)。

A. 期权多头可选择对冲平仓的方式了结其期权头寸

B. 期权多头和空头了结头寸的方式不同

C. 当期权多头行权时,空头必须履约

D. 如果多头没有行权,则空头也可以通过对冲平仓了结头寸或持有期权至合约到期

78. 套期保值是在期货市场和现货市场之间建立一种盈亏冲抵的机制,最终可能出现的结果有(　　)。

A. 盈亏相抵后还有盈利　　B. 盈亏相抵后还有亏损

C. 盈亏完全相抵　　D. 盈利一定大于亏损

79. 当标的物的市场价格等于期权的执行价格时,下列正确的说法是(　　)。

A. 该期权为平值期权　　B. 该期权的内涵价值为 0

C. 该期权的买方有最大亏损,为权利金　　D. 该期权的卖方有最大盈利,为权利金

. 买入 5 手 CBOT 5 月份大豆期货合约，同时卖出 5 手大连商品交易所 5 月份大豆期货合约

. 卖出 1 手 LME 3 月份铜期货合约，同时卖出 1 手 CBOT 5 月份大豆期货合约

. 卖出 3 手 3 月份上海期货交易所铜期货合约，同时买入 1 手 3 月份大连商品交易所大豆期货合约

在不考虑交易费用的情况下，关于买进看涨期权损益说法正确的是(　　)。

A. 最大损失为全部权利金

B. 损益平衡点是执行价格与权利金之和

C. 有买入相关标的物的义务

D. 买方的收益随着标的物价格上涨而下跌

判断题(共 20 题，每小题 0.5 分，共 10 分，正确的选 A，错误的选 B。不选、错选均不得分)。

. 套期保值和投机是期货市场的两大基本功能。(　　)

. 如果一国政府实行扩张性的货币政策，增加货币供应量，降低利率，则通常情况下该国货币会贬值。(　　)

. 集中交割是指所有到期合约在交割月份第一个交易日一次性集中交割的交割方式。(　　)

4. 国际上，期货结算机构通常采用分级结算制度，即通过多层次的会员结构，逐级承担和化解期货交易风险。(　　)

5. 当一种期权处于深度实值或深度虚值时，其时间价值都将趋向于零。(　　)

6. 在期货交易的买卖双方中，只有买方必须缴纳一定的保证金，用于履约保证。(　　)

7. 在我国，期货公司应建立由股东会、董事会、监事会、经理层和公司员工组成的合理的公司治理结构。(　　)

8. 利用期货工具进行套期保值操作，要实现“风险对冲”，须具备的条件之一是在套期保值数量选择上，要使期货与现货市场的价值变动大体相当。(　　)

9. 随着合约持仓量的增大，交易所将逐步提高该合约的交易保证金比例来控制市场风险。(　　)

10. 用一定单位的外国货币作为基准，折算为一定数额的本国货币，称为间接标价法。(　　)

11. 套期保值的实质是用较大的基差风险代替较小的现货价格风险。(　　)

12. 一般情况下，期货市场和现货市场的价格变动趋势是相反的。(　　)

13. 看涨期权又称卖出期权，因为投资者预期这种金融资产的价格将会上涨，从而可以市价卖出以获利。(　　)

14. 成立对冲基金的本意就是想通过买空卖空交易方式最大限度地避免、降低金融市场的风险，提高投资的保险率。(　　)

115. 各基金行业参与者之间身份是严格区分的，FCM 不能同时为 CPO 或 TM，否则，会受到 CFTC 的查处。(　　)

116. 期货交易所会员、客户可以使用标准仓单、国债等价值稳定、流动性强的有价证券充抵保证金进行期货交易。(　　)

117. 目前我国的期货结算机构完全独立于期货交易所。(　　)

118. 期货交易保证金只需在开始时缴纳，在平仓前不必再次缴纳。(　　)

119. 期货交易要缴纳全额保证金。(　　)

120. 远期交易是指买卖双方签订远期合同，规定在未来某一时间进行实物商品交收的一种交易方式。(　　)

四、综合题（共20题，每小题1分，共20分，以下备选项中只有一项最符合题目要求，不选、错选得分）。

121. 某企业有一批商品存货，目前现货价格为3 000元/吨，2个月后交割的期货合约价格为3 500吨。2个月期间的持仓费和交割成本等合计为300元/吨。该企业通过比较发现，如果将该在期货市场按3 500元/吨的价格卖出，待到期时用其持有的现货进行交割，扣除300元/吨仓费之后，仍可以有200元/吨的收益。在这种情况下，企业将货物在期货市场卖出要比现3 000元/吨的价格卖出更有利，也比两个月卖出更有保障，此时，可以将企业的操作称为(

A. 期转现

B. 期现套利

C. 套期保值

D. 跨期套利

122. 6月份，大豆现货价格为700美分/蒲式耳，某榨油厂有一批大豆库存，该厂预计大豆价格在第季度可能会小幅下跌，故卖出10月份大豆美式看涨期权，执行价格为740美分/蒲式耳，权利金7美分/蒲式耳。则该榨油厂将蒙受损失的情况有(　　)。

A. 9月份大豆现货价格下跌至690美分/蒲式耳，且看涨期权价格下跌至4美分/蒲式耳

B. 9月份大豆现货价格下跌至695美分/蒲式耳，且看涨期权价格下跌至1美分/蒲式耳

C. 9月份大豆现货价格上涨至710美分/蒲式耳，且看涨期权价格上涨至9美分/蒲式耳

D. 9月份大豆现货价格上涨至780美分/蒲式耳，且看涨期权价格上涨至42美分/蒲式耳

123. 某投资者在某期货经纪公司开户，存入保证金20万元，按经纪公司规定，最低保证金比例10%。该客户买入100手开仓大豆期货合约，成交价为每吨2 800元，当日该客户又以每吨2 8元的价格卖出40手大豆期货合约平仓。当日大豆结算价为每吨2 840元。当日结算准备金余为(　　)元。

A. 44 000

B. 73 600

C. 170 400

D. 117 600

124. 以下有关于远期交易和期货交易的表述，正确的有(　　)。

A. 远期交易的信用风险小于期货交易

B. 期货交易都是通过对冲平仓了结交易的

C. 期货交易由远期交易演变发展而来的

D. 期货交易和远期交易均不以实物交收为目的

125. 某股票当前价格为63.95港元，以该股票为标的的期权中内涵价值最低的是(　　)。

A. 执行价格为64.50港元，权利金为1.00港元的看跌期权

B. 执行价格为67.50港元，权利金为6.48港元的看跌期权

C. 执行价格为67.50港元，权利金为0.81港元的看涨期权

D. 执行价格为60.00港元，权利金为4.53港元的看涨期权

126. 1月中旬，某食糖购销企业与一个食品厂签订购销合同，按照当时该地的现货价格3 600元/吨在2个月后向该食品厂交付2 000吨白糖。该食糖购销企业经过市场调研，认为白糖价格可能会上涨。为了避免2个月后为了履行购销合同采购白糖的成本上升，该企业买入5月份交割的白糖期货合约200手（每手10吨），成交价为4 350元/吨。春节过后，白糖价格果然开始上涨，至3月中旬，白糖现货价格已达4 150元/吨，期货价格也升至4 780元/吨。该企业在现货市场采购白糖交货，与此同时将期货市场多头头寸平仓，结束套期保值。则该企业(　　)。

A. 净损失200 000元

B. 净损失240 000元

C. 净盈利240 000元

D. 净盈利200 000元

某套利者以461美元/盎司的价格买入1手12月的黄金期货,同时以450美元/盎司的价格卖出1手8月的黄金期货。持有一段时间后,该套利者以452美元/盎司的价格将12月合约卖出平仓,同时以446美元/盎司的价格将8月合约买入平仓。该套利交易的盈亏状况是(　　)美元/盎司。

A. 亏损5　　B. 获利5　　C. 亏损6　　D. 获利6

7月1日,某交易所的9月份大豆合约的价格是2 000元/吨,11月份大豆合约的价格是1 950元/吨。如果某投机者采用熊市套利策略(不考虑佣金因素),则下列选项中可使该投机者获利最大的是(　　)。

A. 9月份大豆合约的价格保持不变,11月份大豆合约的价格涨至2 050元/吨

B. 9月份大豆合约的价格涨至2 100元/吨,11月份大豆合约的价格保持不变

C. 9月份大豆合约的价格跌至1 900元/吨,11月份大豆合约的价格涨至1 990元/吨

D. 9月份大豆合约的价格涨至2 010元/吨,11月份大豆合约的价格涨至2 150元/吨

. 某投资机构有500万元自已用于股票投资,投资200万元购入A股票,投资200万元购入B股票,投资100万元购入C股票,三只股票价格分别为40元、20元、10元,β系数分别为1.5、0.5、1,则该股票组合的β系数为(　　)。

A. 0.8　　B. 0.9　　C. 1　　D. 1.2

《期货及衍生品基础》真题试卷(二)

答题卡

本试卷采用虚拟答题卡技术，自动评分

考生扫描右侧二维码，将答题选项填入虚拟答题卡中，题库系统可自动统计答题得分，生成完整的答案及解析。题库系统根据考生答题数据，自动收集整理错题，记录考生薄弱知识点，方便考生在题库系统中查漏补缺。

一、单项选择题(共60题,每小题0.5分,共30分,以下备选项中只有一项最符合题目要求,不选、均不得分)。

1. 下列关于期货居间人的表述,正确的是(　　)。
   A. 居间人隶属于期货公司
   B. 居间人不是期货公司所订立期货经纪合同的当事人
   C. 期货公司的在职人员可以成为本公司的居间人
   D. 期货公司的在职人员可以成为其他期货公司的居间人

2. 股票指数期货合约以(　　)交割。
   A. 股票　　B. 股票指数　　C. 现金　　D. 实物

3. 某投资者共购买了三种股票A、B、C,占用资金比例分别为30%、20%、50%,A、B股票相对于某个数而言的β系数为1.2和0.9。如果要使该股票组合的β系数为1,则C股票的β系数应为(
   A. 0.91　　B. 0.92　　C. 1.02　　D. 1.22

4. 基差的计算公式为(　　)。
   A. 基差＝期货价格－现货价格　　B. 基差＝现货价格－期货价格
   C. 基差＝远期价格－期货价格　　D. 基差＝期货价格－远期价格

5. 下列关于场内期权和场外期权的说法,正确的是(　　)。
   A. 场外期权被称为现货期权　　B. 场内期权被称为期货期权
   C. 场外期权合约可以是非标准化合约　　D. 场外期权比场内期权流动性风险小

6. 以3%的年贴现率发行1年期国债,所代表的实际年收益率为(　　)%(结果保留两位小数)。
   A. 2.91　　B. 3.09　　C. 3.30　　D. 3.00

7. 标准仓单需经过(　　)注册后方有效。
   A. 仓库管理公司　　B. 制定结算银行　　C. 制定交割仓库　　D. 期货交易所

8. 国际上,公司制期货交易所的总经理由(　　)聘任。
   A. 董事会　　B. 中国证监会　　C. 期货交易所　　D. 股东大会

9. 在8月份,某套利者认为小麦期货合约与玉米期货合约的价差小于正常水平(小麦价格通常高于玉米价格),则他应该(　　)。
   A. 买入1手11月份小麦期货合约,同时卖出1手11月份玉米期货合约
   B. 卖出1手11月份小麦期货合约,同时买入1手11月份玉米期货合约
   C. 买入1手11月份小麦期货合约,同时卖出1手8月份玉米期货合约
   D. 卖出1手11月份小麦期货合约,同时买入1手8月份玉米期货合约

10. 8月底,某证券投资基金认为股市下跌的可能性很大,为规避所持有的股票组合价值下跌风险,决定利用12月份到期的沪深300股指期货进行保值。假定其股票组合现值为3亿元,其股票组合与该指数的β系数为0.9,9月2日的股票指数为5 600点,而12月到期的期货合约为5 750点。该基

加哥期货交易所10年期的美国国债期货合约的面值为100 000美元，如果其报价从98－175跌97－020，则表示合约价值下跌了(　　)美元。

1 000　　B. 1 250　　C. 1 484.38　　D. 1 496.38

际市场最早产生的金融期货品种是(　　)。

外汇期货　　B. 股票期货　　C. 股指期货　　D. 利率期货

货合约与远期现货合约的根本区别在于(　　)。

前者是标准化的远期合约，后者是非标准化的远期合约

前者是非标准化的远期合约，后者是标准化的远期合约

. 前者以保证金制度为基础，后者则没有

. 前者通过对冲或到期交割来了结，后者最终的履约方式是实物交收

我国，大豆期货连续竞价时段，某合约最高买入申报价为4 530元/吨，最低卖出申报价为4 526元/吨，前一成交价为4 527元/吨，则最新成交价为(　　)元/吨。

. 4 530　　B. 4 526　　C. 4 527　　D. 4 528

以下有关交割的说法不正确的是(　　)。

A. 期货交割是促使期货价格和现货价格趋向一致的制度保证

B. 标准仓单经交易所注册后可用于交割

C. 商品期货多采用现金交割方式

D. 沪深300股指期货采用现金交割方式

一般来说，投资者预期某商品年末库存量增加，则表明当年商品供给量(　　)需求量，将刺激该商品期货价格(　　)。

A. 大于；下跌　　B. 小于；上涨　　C. 大于；上涨　　D. 小于；下跌

投资者以3 310点开仓卖出沪深300股指期货合约5手，后以3 320点全部平仓。若不计交易费用，其交易结果为(　　)。

A. 亏损300元　　B. 亏损500元　　C. 亏损10 000元　　D. 亏损15 000元

1982年，美国(　　)上市交易价值线综合指数期货合约，标志着股指期货的诞生。

A. 芝加哥期货交易所　　B. 芝加哥商业交易所

C. 纽约商业交易所　　D. 堪萨斯期货交易所

. 期权也称选择权，期权的买方有权在约定的期限内，按照事先确定的价格，(　　)一定数量某种特定商品或金融指标的权利。

A. 买入　　B. 卖出　　C. 买入或卖出　　D. 买入和卖出

. 一般的，如果交易者预期标的物的价格将上涨，在不愿承担较大风险的情况下，其最可能进行的交易是(　　)。

A. 买入看跌期权　　B. 买入看涨期权

C. 卖出看涨期权　　D. 卖出看跌期权

3. 如果投资者(　　)，可以考虑利用股指期货进行空头套保值。

A. 计划在未来持有股票组合，担心股市上涨

B. 持有股票组合，预计股市上涨

C. 计划在未来持有股票组合，预计股票下跌

D. 持有股票组合，担心股市下跌

44. 在供给曲线不变的情况下，需求曲线右移将导致(　　)。

A. 均衡价格提高
B. 均衡价格降低
C. 均衡价格不变
D. 均衡数量降低

45. 2000 年 3 月，香港期货交易所与(　　)完成股份制改造，并与香港中央结算有限公司合并，成
港交易及结算所有限公司(HKEX)。

A. 香港证券交易所　B. 香港商品交易所　C. 香港联合交易所　D. 香港金融交易所

46. 在我国，4 月 15 日，某交易者卖出 10 手 7 月黄金期货合约同时买入 10 手 8 月黄金期货合约，
分别为 256.05 元/克和 255.00 元/克。5 月 5 日，该交易者对上述合约全部对冲平仓，7 月和
合约平仓价格分别为 256.70 元/克和 256.05 元/克。则该交易者(　　)。

A. 盈利 1 000 元
B. 亏损 1 000 元
C. 盈利 4 000 元
D. 亏损 4 000 元

47. 下列关于股指期货理论价格的说法正确的是(　　)。

A. 与股票指数点位负相关
B. 与股指期货有效期负相关
C. 与股票指数股息率正相关
D. 与市场无风险利率正相关

48. 我国 5 年期国债期货的合约标的为(　　)。

A. 面值为 10 万元人民币、票面利率为 6% 的名义中期国债
B. 面值为 100 万元人民币、票面利率为 6% 的名义中期国债
C. 面值为 10 万元人民币、票面利率为 3% 的名义中期国债
D. 面值为 100 万元人民币、票面利率为 3% 的名义中期国债

49. 期货品种进入实物交割环节时，提供交割服务和生成标准仓单必经的期货服务机构是(　　)。

A. 介绍经纪商
B. 期货信息资讯机构
C. 交割仓库
D. 期货保证金存管银行

50. 某月份铜期货合约的买卖双方达成期转现协议，协议平仓价格为 67 850 元/吨，协议现货交收价
为 67 650 元/吨。买方的期货开仓价格为 67 500 元/吨，卖方的期货开仓价格为 68 100 元/吨。
过期转现交易，买方的现货实际购买成本为(　　)元/吨。

A. 67 300　B. 67 650　C. 67 850　D. 67 800

51. 套期保值本质上能够(　　)。

A. 消灭风险　B. 分散风险　C. 转移风险　D. 补偿风险

52. 4 月初，黄金现货价格为 300 元/克。某矿产企业预计未来 3 个月会有一批黄金产出，决定对其
行套期保值。该企业以 310 元/克的价格在 8 月份黄金期货合约上建仓。7 月初，黄金期货价格
至 295 元/克，现货价格跌至 290 元/克。若该矿产企业在目前期货价位上平仓，以现货价格卖出
金的话，其 7 月初黄金的实际卖出价相当于(　　)元/克。

A. 295　B. 300　C. 305　D. 310

53. 股指期货套期保值可以规避股票组合的(　　)。

A. 经营风险　B. 偶然性风险　C. 系统性风险　D. 非系统性风险

54. 在我国，某自营会员上一交易日未持有期货头寸，且结算准备金余额为 60 万元，当日开仓买入豆粕
期货合约 40 手，成交价为 2 160 元/吨，当日收盘价为 2 136 元/吨，结算价为 2 134 元/吨(豆粕合约

套利者卖出3月份大豆期货合约的同时买入5月份大豆期货合约，成交价格分别为3 880元/吨
3 910元/吨，持有一段时间后，该套利者分别以3 850元/吨和3 895元/吨的价格将两个合约平
，则(　　)(不计交易费用)。

套利的净亏损为15元/吨

5月份期货合约亏损15元/吨

套利的净盈利为15元/吨

3月份期货合约盈利30元/吨

月份，某大豆生产者为避免在11月份大豆收获出售时价格下跌，可以采取的方法有(　　)。

. 卖出大豆期货合约

. 买入大豆看跌期货期权

. 卖出大豆看跌期货期权

. 买入大豆期货合约，同时买入大豆看涨期货期权

下列形态中，不属于价格形态中持续形态的有(　　)。

. 菱形形态　　B. 钻石形态　　C. 圆弧形态　　D. 三角形态

影响外汇期权价格的因素包括(　　)。

. 市场即期汇率　　B. 到期期限

C. 预期汇率波动率大小　　D. 期权的执行价格

作为公司制交易所的最高权力机构，股东大会就公司的重大事项如(　　)等做出决议。

A. 修改公司章程　　B. 决定公司的经营方针和投资计划

C. 审议批准年度财务预算方案　　D. 增加或减少注册资本

(　　)为买卖双方约定于未来某一特定时间以约定价格买入或卖出一定数量的商品。

A. 分期付款交易　　B. 远期交易　　C. 现货交易　　D. 期货交易

期货交易过程中，灵活运用止损指令可以起到(　　)的作用。

A. 避免损失　　B. 限制损失　　C. 减少利润　　D. 累积盈利

. 下列反向大豆提油套利的做法，正确的是(　　)。

A. 买入大豆期货合约，同时卖出豆油和豆粕期货合约

B. 卖出大豆期货合约，同时买入豆油和豆粕期货合约

C. 增加豆粕和豆油供给量

D. 减少豆粕和豆油供给量

. 适用于做利率期货买入套期保值的情形有(　　)。

A. 利用债券融资的筹资人，担心利率上升，导致融资成本上升

B. 资金的借方，担心利率上升，导致借入成本增加

C. 承担按固定利率计息的借款人，担心利率下降，导致资金成本相对增加

D. 计划买入固定收益债券，担心利率下降，导致债券价格上涨

4. 升贴水的高低与(　　)有关。

A. 点价所选取的期货合约月份的远近

B. 期货交割地与现货交割地之间的运费

C. 期货交割商品品质与现货交割商品品质的差异

D. 持仓费的高低

85. 下列属于根据起息日不同划分的外汇掉期的形式的是(　　)。

A. 即期对远期的掉期交易

B. 远期对远期的掉期交易

C. 隔夜掉期交易

D. 远期对即期的掉期交易

86. 若预测期货价格将下跌,应当进行的期权交易是(　　)。

A. 买入看涨期权

B. 卖出看涨期权

C. 买入看跌期权

D. 卖出看跌期权

87. 国际期货市场的发展呈现的特点为(　　)。

A. 金融期货发展后来居上

B. 交易中心日益集中

C. 交易所由会员制向公司制发展

D. 交易所兼并重组趋势明显

88. 期货交易者根据进入期货市场的目的不同,可分为(　　)。

A. 套期保值者　B. 投机者　C. 个人　D. 会员

89. 美式期权允许期权买方(　　)。

A. 在期权合约到期日行使权利

B. 在期权到期日之前的任一交易日行使权利

C. 只能在期权到期日行使权利

D. 以上都对

90. 在我国商品期货交易中,关于交易保证金的说法正确的是(　　)。

A. 当某期货合约交易出现异常情况时,交易所可按规定的程序调整交易保证金

B. 当某期货合约出现连续涨跌停板的情况时,交易保证金比率相应提高

C. 随着合约持仓量的增大,交易所将逐步降低该合约交易保证金比率

D. 交易所对期货合约上市运行的不同阶段规定不同的交易保证金比率

91. 下列关于买进看跌期权的说法(不计交易费用),正确的是(　　)。

A. 看跌期权买方的最大损失是:执行价格 - 权利金

B. 看跌期权买方的最大损失是全部的权利金

C. 当标的资产价格小于执行价格时,行权对看跌期权买方有利

D. 当标的资产价格大于执行价格时,行权对看跌期权买方有利

92. 为保证期货交易的顺利进行,交易所制定了相关风险控制制度,包括(　　)等。

A. 大户报告制度

B. 保证金制度

C. 当日无负债结算制度

D. 持仓限额制度

93. 当预期(　　)时,交易者适合进行牛市套利。

A. 同一期货品种近月合约的价格上涨幅度大于远月合约的上涨幅度

B. 同一期货品种近月合约的价格下跌幅度小于远月合约的下跌幅度

C. 同一期货品种近月合约的价格上涨幅度小于远月合约的上涨幅度

D. 同一期货品种近月合约的价格下跌幅度大于远月合约的上涨幅度

94. 下列(　　)企业更可能在期货市场上采取买入套期保值。

A. 铝型材厂

B. 用铜企业

C. 农场

D. 榨油厂

. 12 700；13 500

. 12 200；13 800

. 12 500；13 300

某套利者在1月15日卖出3月份小麦期货合约，并买入7月份小麦期货合约，价格分别为488美分/蒲式耳和506美分/蒲式耳。假设到了2月15日，3月份和7月份合约价格变为495美分/蒲式耳和515美分/蒲式耳，则平仓后3月份合约、7月份合约及套利结果的盈亏情况分别是（　　）。

A. 盈利7美分/蒲式耳，盈利9美分/蒲式耳，盈利16美分/蒲式耳

B. 盈利7美分/蒲式耳，亏损9美分/蒲式耳，亏损2美分/蒲式耳

C. 亏损7美分/蒲式耳，盈利9美分/蒲式耳，盈利2美分/蒲式耳

D. 亏损7美分/蒲式耳，亏损9美分/蒲式耳，亏损16美分/蒲式耳

1月中旬，某食糖购销企业与一个食品厂签订购销合同，按照当时该地的现货价格3 600元/吨在2个月后向该食品厂交付2 000吨白糖。该食糖购销企业经过市场调研，认为白糖价格可能会上涨。为了避免2个月后为了履行购销合同采购白糖的成本上升，该企业买入5月份交割的白糖期货合约200手（每手10吨），成交价为4 350元/吨。春节过后，白糖价格果然开始上涨，至3月中旬，白糖现货价格已达4 150元/吨，期货价格也升至4 780元/吨。该企业在现货市场采购白糖交货，与此同时将期货市场多头头寸平仓，结束套期保值。1月中旬到3月中旬基差的变化情况是（　　）。

A. 基差走弱120元/吨　　B. 基差走强120元/吨

C. 基差走强100元/吨　　D. 基差走弱100元/吨

7. 在大豆期货市场上，甲为买方，开仓价格为3 000元/吨，乙为卖方，开仓价格为3 200元/吨，大豆期货交割成本为80元/吨，甲乙进行期转现交易，双方商定的平仓价格为3 160元/吨，当交收大豆价格为（　　）元/吨时，期转现对甲和乙都有利（不考虑其他手续费等费用）。

A. 3 050　　B. 2 980　　C. 3 180　　D. 3 110

8. 某美国投资者发现欧元的利率高于美元利率，于是他决定购买50万欧元以获高息，计划投资3个月，但又担心在这期间欧元对美元贬值。为避免欧元汇价贬值的风险，该投资者利用芝加哥商业交易所外汇期货市场进行套期保值，每手欧元期货合约为12.5万欧元。则其操作为（　　）。

A. 买入1手欧元期货合约　　B. 卖出1手欧元期货合约

C. 买入4手欧元期货合约　　D. 卖出4手欧元期货合约

29. 某投资者以55美分/蒲式耳的价格卖出执行价格为1 025美分/蒲式耳的小麦期货看涨期权，则其损益平衡点为（　　）美分/蒲式耳（不计交易费用）。

A. 1 075　　B. 1 080　　C. 970　　D. 1 025

30. 6月5日，买卖双方签订一份3个月后交割的一揽子股票组合的远期合约，该一揽子股票组合与恒生指数构成完全对应，此时的恒生指数为15 000点，恒生指数的合约乘数为50港元，假定市场利率为6%，且预计一个月后可收到5 000港元现金红利，则此远期合约的合理价格为（　　）点。

A. 15 000　　B. 15 124　　C. 15 224　　D. 15 324

131. 某期货合约买入报价为24，卖出报价为20，而前一成交价为21，则成交价为（　　）；如果前一成交价为19，则成交价为（　　）；如果前一成交价为25，则成交价为（　　）。

A. 21；20；24　　B. 21；19；25　　C. 20；24；24　　D. 24；19；25

132. 5 月份，某进口商以 67 000 元/吨的价格从外国进口一批铜，同时以 67 500 元/吨的价格卖出份铜期货合约进行套期保值。至 6 月中旬，该进口商与某电缆厂协商以 9 月份铜期货合约为价，以低于期货价格 300 元/吨的价格交易，该进口商在开始套期保值时的基差为(　　)元/

A. -500　　B. 300　　C. 500　　D. -300

133. 6 月 10 日，国际货币市场 6 月期瑞士法郎的期货价格为 0.876 4 美元/瑞士法郎，6 月期欧元货价格为 1.210 6 美元/欧元。某套利者预计 6 月 20 日瑞士法郎对欧元的汇率将上升，在国币市场买入 100 手 6 月期瑞士法郎期货合约，同时卖出 72 手 6 月期欧元期货合约。6 月 20 士法郎对欧元的汇率由 0.72 上升为 0.73，该交易套利者分别以 0.906 6 美元/瑞士法郎和 1.美元/欧元的价格对冲手中合约，则套利的结果为(　　)。

A. 盈利 120 900 美元

B. 盈利 110 900 美元

C. 盈利 121 900 美元

D. 盈利 111 900 美元

134. 美国在 2007 年 2 月 15 日发行了到期日为 2017 年 2 月 15 日的国债，面值为 10 万美元，票面为 4.5%。如果芝加哥期货交易所某国债期货(2009 年 6 月到期，期限为 10 年)的卖方用该进行交割，转换因子为 0.9105，假定 10 年期国债期货 2009 年 6 月合约交割价为 125 - 160，该期货合约买方必须付出(　　)美元。

A. 116 517.75　　B. 115 955.25

C. 115 767.75　　D. 114 267.75

135. 某交易者以 9 710 元/吨买入 7 月棕榈油期货合约 100 手，同时以 9 780 元/吨卖出 9 月棕榈油货合约 100 手，当两合约价格为(　　)时，将所持合约同时平仓，该交易者亏损(不计手续费用)。

A. 7 月 9 810 元/吨，9 月 9 850 元/吨

B. 7 月 9 860 元/吨，9 月 9 840 元/吨

C. 7 月 9 720 元/吨，9 月 9 820 元/吨

D. 7 月 9 840 元/吨，9 月 9 860 元/吨

136. 7 月 30 日，某套利者卖出 100 手堪萨斯期货交易所 12 月份小麦期货合约，同时买入 100 手芝加期货交易所 12 月份小麦期货合约，成交价格分别为 650 美分/蒲式耳和 660 美分/蒲式耳。8

某商品期货价格过高而现货价格过低时，交易者通常会（　　）。

在期货市场上买进期货合约，在现货市场上买进商品

在期货市场上卖出期货合约，在现货市场上卖出商品

在期货市场上买进期货合约，在现货市场上卖出商品

在期货市场上卖出期货合约，在现货市场上买进商品

货市场上铜的买卖双方达成期转现协议，买方开仓价格为27 500元/吨，卖方开仓价格为28 100元/吨，协议平仓价格为27 850元/吨，协议现货交收价格为27 650元/吨，卖方可节约交割成本400元/吨，则卖方通过期转现交易可以（　　）。

. 少卖100元/吨　　B. 少卖200元/吨

. 多卖100元/吨　　D. 多卖200元/吨

月10日，某交易者在国内市场开仓卖出10手7月份螺纹钢期货合约，成交价格为4 800元/吨。之后以4 752元/吨的价格将上述头寸全部平仓，若不计交易费用，其交易结果是（　　）。

A. 亏损4 800元　　B. 盈利4 800元　　C. 亏损2 400元　　D. 盈利2 400元

0年期国债的票面利率为8%，面值为100 000美元，则债券持有人每隔半年可得到（　　）美元的利息。

A. 4 000　　B. 6 000　　C. 8 000　　D. 10 000

某投资者买入50万欧元，计划投资3个月，但又担心期间欧元对美元贬值，该投资者决定利用欧元期货进行空头套期保值（每张欧元期货合约为12.5万欧元）。3月1日，外汇即期市场上以EUR/USD = 1.3432购买50万欧元，在期货市场上卖出欧元期货合约的成交价为EUR/USD = 1.3450，6月1日，欧元即期汇率为EUR/USD = 1.2120，期货市场上以成交价格EUR/USD = 1.2101买入对冲平仓，则该投资者（　　）。

A. 盈利1 850美元　　B. 亏损1 850美元

C. 盈利18 500美元　　D. 亏损18 500美元

某交易者以7 340元/吨买入10手7月白糖期货合约后，下列符合金字塔式增仓原则操作的是（　　）。

A. 白糖合约价格上升到7 350元/吨时再次买入9手合约

B. 白糖合约价格下降到7 330元/吨时再次买入9手合约

C. 白糖合约价格上升到7 360元/吨时再次买入10手合约

D. 白糖合约价格下降到7 320元/吨时再次买入15手合约

6. 一般来说，期权的执行价格与期权合约标的资产价格的差额越大，其时间价值（　　）。

A. 越大　　B. 越小　　C. 不变　　D. 不确定

7. 采用滚动交割和集中交割相结合的是（　　）。

A. 棕榈油　　B. 线型低密度聚乙烯

C. 豆粕　　D. 聚氯乙烯

8. 1972年，（　　）率先推出了外汇期货合约。

A. CBOT　　B. CME　　C. COMEX　　D. NYMEX

9. 下列不属于期货交易所职能的是（　　）。

A. 设计合约、安排合约上市

B. 发布市场信息

C. 制定并实施期货市场制度与交易规则

D. 制定期货合约交易价格

20. 一位面包坊主预期将在 3 个月后购进一批面粉作为生产原料，为了防止由于面粉市场价格变带来的损失，该面包坊主将(　　)。

A. 在期货市场上进行空头套期保值

B. 在期货市场上进行多头套期保值

C. 在远期市场上进行空头套期保值

D. 在远期市场上进行多头套期保值

21. 期权多头方支付一定费用给期权空头方，作为拥有这份权利的报酬。这笔费用称为(　　)。

A. 交易佣金　　B. 协定价格　　C. 期权费　　D. 保证金

22. (　　)是市场经济发展到一定历史阶段的产物，是市场体系中的高级形式。

A. 现货市场　　B. 批发市场　　C. 期货市场　　D. 零售市场

23. 一般而言，预期利率将上升，一个美国投资者很可能(　　)。

A. 出售美国中长期国债期货合约　　B. 在小麦期货中做多头

C. 买入标准普尔指数期货合约　　D. 在美国中长期国债中做多头

24. 我国本土成立的第一家期货经纪公司是(　　)。

A. 广东万通期货经纪公司　　B. 中国国际期货经纪公司

C. 北京经易期货经纪公司　　D. 北京金鹏期货经纪公司

25. 当期货合约临近到期日时，现货价格与期货价格之间的差额即基差将接近于(　　)。

A. 期货价格　　B. 零　　C. 无限大　　D. 无法判断

26. 某投资者手中持有的期权是一份虚值期权，则下列表述正确的是(　　)。

A. 如果该投资者手中持有一份看涨期权，则表明期权标的资产价格高于执行价格

B. 如果该投资者手中持有一份看跌期权，则表明期权标的资产价格低于执行价格

C. 如果该投资者手中持有一份看跌期权，则表明期权标的资产价格等于执行价格

D. 如果该投资者手中持有一份看涨期权，则表明期权标的资产价格低于执行价格

27. 下列说法中，正确的是(　　)。

A. 现货交易的目的一般不是为了获得实物商品

B. 并不是所有商品都能够成为期货交易的品种

C. 期货交易不受时空限制，交易灵活方便

D. 期货交易中，商流与物流在时空上基本是统一的

28. 目前货币政策是世界各国普遍采用的经济政策，其核心是对(　　)进行管理。

A. 货币供应量　　B. 货市存量　　C. 货币需求量　　D. 利率

29. 某交易者预测 5 月份大豆期货价格将上升，故买入 50 手，成交价格为 4 000 元/吨。当价格升到 4 030元/吨时，买入 30 手；当价格升到 4 040 元/吨，买入 20 手；当价格升到 4 050 元/吨时，买入 1 手，该交易者建仓的方法为(　　)。

A. 平均买低法　　B. 倒金字塔式建仓　　C. 平均买高法　　D. 金字塔式建仓

30. 美国某财务公司 3 个月后将收到 1 000 万美元并计划以之进行再投资，由于担心未来利率下降，该公司可以(　　)3 个月欧洲美元期货合约进行套期保值(每手合约为 100 万美元)。

A. 买入 100 手　　B. 买入 10 手　　C. 卖出 100 手　　D. 卖出 10 手

品市场本期需求量不包括(　　)。

国内消费量　　B. 出口量　　C. 进口量　　D. 期末商品结存量

连商品交易所豆粕期货合约的最小变动价位是 1 元/吨，那么每手合约的最小变动值（　　）元。

2　　B. 10　　C. 20　　D. 200

海期货交易所的期货结算机构是(　　)。

附属于期货交易所的相对独立机构　　B. 交易所的内部机构

由几家期货交易所共同拥有　　D. 完全独立于期货交易所

(　　)可以根据不同期货品种及合约的具体情况和市场风险状况制定和调整持仓限额和持仓报标准。

期货交易所　　B. 会员　　C. 期货公司　　D. 中国证监会

工商和农场主通常所采用的套期保值方式分别是(　　)。

卖出套期保值;买入套期保值　　B. 买入套期保值;卖出套期保值

空头套期保值;多头套期保值　　D. 多头套期保值;多头套期保值

下面属于熊市套利做法的是(　　)。

. 买入 1 手 3 月大豆期货合约,同时卖出 1 手 5 月大豆期货合约

. 卖出 1 手 3 月大豆期货合约,第二天买入 1 手 5 月大豆期货合约

. 买入 1 手 3 月大豆期货合约,同时卖出 2 手 5 月大豆期货合约

). 卖出 1 手 3 月大豆期货合约,同时买入 1 手 5 月大豆期货合约

某执行价格为 1 280 美分的大豆期货看涨期权,当标的大豆期货合约市场价格为 1 300 美分时,该期权为(　　)期权。

A. 实值　　B. 虚值　　C. 美式　　D. 欧式

多项选择题(共 40 小题,每小题 1 分,共 40 分,以下备选项中有两项或两项以上符合题目要求,多少选、错选均不得分)。

期权交易的基本策略包括(　　)。

A. 买进看涨期权　　B. 卖出看涨期权

C. 买进看跌期权　　D. 卖出看跌期权

股指期货近期与远期月份合约间的理论价差与(　　)等有关。

A. 标的股票指数　　B. 市场利率

C. 标的股盘指数波动率　　D. 股息率

. 我国期货交易所采用“单边计算”的是(　　)。

A. 中国金融期货交易所的成交量　　B. 上海期货交易所的持仓量

C. 中国金融期货交易所的持仓量　　D. 郑州商品交易所的成交量

. 下列关于卖出套期保值的说法,正确的是(　　)。

A. 为了规避现货价格下跌风险　　B. 在期货市场建仓买入合约

C. 为了规避现货价格上涨风险　　D. 在期货市场建仓卖出合约

5. 对买入套期保值而言,无法实现净盈利的情形包括(　　)(不计手续费等费用)。

A. 现货市场盈利小于期货市场亏损　　B. 基差走强

C. 基差走弱　　D. 基差不变

66. 沪深300股指期货合约的合约月份为(　　)。

A. 当月　　B. 下月　　C. 随后两月　　D. 随后两个季月

67. 下列属于期货公司的高级管理人员的有(　　)。

A. 副总经理　　B. 财务负责人　　C. 董事长秘书　　D. 营业部负责人

68. 卖出套期保值一般可运用于如下一些情形(　　)。

A. 持有某种商品或资产,担心市场价格下跌,使其持有的商品或资产市场价值下降,或者其销售收益下降

B. 已经按固定价格买入未来交收的商品或资产,担心市场价格下跌,使其商品或资产市场价值下降或其销售收益下降

C. 预计在未来要销售某种商品或资产,但销售价格尚未确定,担心市场价格下跌,使其销售收益下降

D. 预计在未来要购买某种商品或资产,购买价格尚未确定时,担心市场价格上涨,使其购买成本提高

69. 期货交易指令的内容包括(　　)等。

A. 合约月份　　B. 交易方向　　C. 数量　　D. 开平仓

70. 期货交易所应当遵循(　　)的原则组织期货交易。

A. 保证金制度　　B. 强行平仓制度　　C. 涨跌停板制度　　D. 信息披露制度

71. 在我国,客户在期货公司开户时,须签字的文件包括(　　)等。

A. 委托代理协议书　　B. 期货交易风险说明书

C. 期货经纪合同　　D. 买卖自负承诺书

72. 下列属于跨期套利的是(　　)。

A. 卖出6月棕榈油期货合约,同时买入8月棕榈油期货合约

B. 买入5月豆油期货合约,同时卖出9月豆油期货合约

C. 买入5月菜籽油期货合约,同时卖出5月豆油期货合约

D. 卖出4月锌期货合约,同时卖出6月锌期货合约

73. 当标的物市场价格为500美分/蒲式耳时,下列期权为实值期权的是(　　)。

A. 执行价格为480美分/蒲式耳的看涨期权

B. 执行价格为480美分/蒲式耳的看跌期权

C. 执行价格为540美分/蒲式耳的看涨期权

D. 执行价格为540美分/蒲式耳的看跌期权

74. 期权的权利金大小是由(　　)决定的。

A. 内涵价值　　B. 时间价值　　C. 实值　　D. 虚值

75. 关于K线图正确描述的有(　　)。

A. 根据开盘价、收盘价、最高价、最低价四个价格画出

B. 每一笔成交价都在图中显示

C. 上影线的长度表示最低价与收盘价的价差

D. 收盘价高于开盘价为阳线

76. 对于单个股票的β系数来说(　　)。

A. β系数大于1时,说明单个股票的波动或风险程度低于以指数衡量的整个市场

对于期转现交易的描述,正确的是(   )。

期转现可以保证期货与现货市场风险同时锁定

持有方向相反合约的会员申请由交易所代为平仓,并按协议价格交换与期货合约标的物数量相当、品种相同的标准仓单

商定平仓价和交货价的差额如果小于交割费用、仓储费和利息以及货物的品级差价之和,对期转现双方都有利

期转现等同于“平仓后购销现货”

列关于期货期权行权后的说法,正确的有(   )。

看涨期权的买方,成为期货多头

看跌期权的买方,成为期货空头

看涨期权的卖方,成为期货多头

看跌期权的卖方,成为期货空头

列关于沪深300股指期货交易指令的说法,正确的有(   )。

. 沪深300股指期货的交易指令分为市价指令、限价指令和交易所规定的其他指令

. 交易指令每次最小下单数量为1手

. 市价指令每次最大下单数量为50手

. 限价指令每次最大下单数量为100手

在我国,对所有交易会员进行结算的期货交易所有(   )。

. 中国金融期货交易所　　B. 上海期货交易所

. 郑州商品交易所　　D. 大连商品交易所

交易所为了能保证期货合约上市后能有效地发挥其功能,在选择标的的时候一般需要考虑的条件包括(   )。

A. 规格或质量易于量化和评级

B. 价格波动幅度大且频繁

C. 供应量大,不易为少数人控制和垄断

D. 供应量小,不易为少数人控制和垄断

. 下列对期现套利的描述,正确的有(   )。

A. 当期货、现货价差远大于持仓费,存在期现套利机会

B. 期现套利只能通过交割来完成

C. 商品期货期现套利的参与者须具有现货生产经营背景

D. 期现套利可利用期货价格与现货价格的不合理价差来获利

、判断题(共20题,每小题0.5分,共10分,正确的选A,错误的选B。不选、错选均不得分)。

1. CME的3个月欧洲美元期货属于短期利率期货品种。(   )

2. 客户交易保证金不足时,交易所应立即对其持仓实行强行平仓。(   )

3. 期货价格 - 现货价格 = 持仓费。(   )

4. 预期未来利率水平上升时,投资者可买入对应的利率期货合约,待价格上涨后平仓获利。(   )

5. 标的物为期货合约的期权称为期货期权,期货期权只能在交易所交易。(   )

06. 投资者可借助止损指令以及止损价位的调整,达到限制损失、累积盈利的目的。(   )

07. 期货市场是一个高度组织化的市场,因此,不允许没有实物的交易者卖出期货合约。(   )

108. 期货市场可以降低价格波动对行业发展的不利影响，有助于稳定国民经济。

109. 期货投机者承担基差变动风险。

110. 在正向市场上，牛市套利的损失相对有限而获利的潜力巨大。

111. 理论上，当期货合约到期时，持仓费会减小到零，基差也将变为零。

112. 在其他条件相同的情况下，距最后交易日长的美式期权价值不应该低于距最后交易日短的价值。 (

113. 依据监管要求，我国期货公司应当设立首席风险官，建立独立的风险管理系统。 (

114. 在我国，期货交易者交纳的保证金可以是资金，也可以是价值稳定、流动性强的标准仓单或债等有价证券。 (

115. 在正向市场中，基差为正，现货市场的价格大于期货市场的价格。 (

116. 公司制期货交易所的最高权力机构是董事会。 (

117. 价格下跌持续一段相当长的时间，出现恐慌性卖出，随着日益扩大的成交量，价格大幅度下恐慌性卖出之后，预期价格可能上涨，同时恐慌性卖出所创的低价，将不可能在极短时间内随着恐慌性大量卖出之后，往往是空头的开始。 (

118. 美式期权是指在规定的有效期限内的任何时候都可以行使权利。 (

119. 每一根 K 线标示了某一交易时间段中的开盘价、收盘价、结算价和平均价。 (

120. 实物交割结算价是指在进行实物交割时商品交收所依据的基准价格。不同的交易所以及不实物交割方式，交割结算价的选取也不尽相同。 (

四、综合题(共 20 题，每小题 1 分，共 20 分，以下备选项中只有一项最符合题目要求，不选、错选得分)。

121. 4 月份，某空调厂预计 7 月份需要 500 吨阴极铜作为原料，当时铜的现货价格为 53 000 元/吨目前仓库库容不够，无法现在购进。为了防止铜价上涨，决定在上海期货交易所进行铜套期期货交易，当前 7 月份铜期货价格为 53 300 元/吨。到了 7 月 1 日，铜价大幅度上涨，现货铜 56 000 元/吨，7 月份铜期货价格为 56 050 元/吨。如果该厂在现货市场购进 500 吨铜，同时货合约平仓，则该空调厂在期货市场的盈亏情况为(　　)。

A. 盈利 1 375 000 元　　B. 亏损 1 375 000 元

C. 盈利 1 525 000 元　　D. 亏损 1 525 000 元

122. 在我国，某客户 6 月 5 日没有持仓。6 月 6 日该客户通过期货公司买入 10 手棉花期货合约，成价为 10 250 元/吨，当日棉花期货未平仓。当日结算价为 10 210 元/吨，期货公司要求的交易保金比例为 5%，该客户的当日盈亏为(　　)元。

A. 2 000　　B. −2 000　　C. −4 000　　D. 4 000

123. 某交易者以 3 485 元/吨的价格卖出某期货合约 100 手(每手 10 吨)，次日以 3 400 元/吨的价格入平仓，如果单边手续费以 10 元/手计算，那么该交易者(　　)。

A. 亏损 150 元　　B. 盈利 150 元

C. 盈利 84 000 元　　D. 盈利 1 500 元

124. 在我国，4 月 15 日，某交易者买入 10 手(1 000 克/手)7 月黄金期货合约同时卖出 10 手 8 月黄期货合约，价格分别为 316.05 元/克和 315.00 元/克。5 月 5 日，该交易者对上述合约全部对冲仓，合约平仓价格分别是 317.50 元/克和 316.05 元/克。该交易者盈亏状况为(　　)。

A. 盈利 2 000 元　　B. 亏损 2 000 元　　C. 亏损 4 000 元　　D. 盈利 4 000 元

月11日，菜籽油现货价格为8 800元/吨。某榨油厂决定利用菜籽油期货对其生产的菜籽油进套期保值。当日该厂在9月份菜籽油期货合约上建仓，成交价格为8 950元/吨。至8月份，现价格至7 950元/吨，该厂按此现货价格出售菜籽油，同时将期货合约对冲平仓。通过套期保值厂菜籽油实际售价是8 850元/吨，则该厂期货合约对冲平仓价格是(　　)元/吨。

8 050　　B. 9 700　　C. 7 900　　D. 9 850

ME集团的玉米期货看涨期权，执行价格为450美分/蒲式耳，权利金为42′7美分/蒲式耳，当标玉米期货合约的价格为478′2美分/蒲式耳时，该看涨期权的时间价值为(　　)美分/蒲式耳。

. 28.5　　B. 14.375　　C. 22.375　　D. 14.625

月份，某进口商以67 000元/吨的价格从国外进口一批铜，同时以67 500元/吨的价格卖出9月份铜期货合约进行套期保值。至6月中旬，该进口商与某电缆厂协商以9月份铜期货合约为基准价，以低于期货价格300元/吨的价格交易，8月10日，电缆厂实施点价，以65 000元/吨的期货合约作为基准价，进行实物交收，同时该进口商立刻按该期货价格将合约对冲平仓。此时现货市场铜价格为64 800元/吨，则该进口商的交易结果是(　　)。

A. 与电缆厂实物交收的价格为64 500元/吨

B. 基差走弱200元/吨，该进口商现货市场盈利1 000元/吨

C. 对该进口商而言，结束套期保值的基差为200元/吨

D. 通过套期保值操作，铜的售价相当于67 200元/吨

《期货及衍生品基础》真题试卷（四）

答题卡

本试卷采用虚拟答题卡技术，自动评分

考生扫描右侧二维码，将答题选项填入虚拟答题卡中，题库系统可自动统计答题得分，生成完整的答案及解析。题库系统根据考生答题数据，自动收集整理错题，记录考生薄弱知识点，方便考生在题库系统中查漏补缺。

一、单项选择题（共60题，每小题0.5分，共30分，以下备选项中只有一项最符合题目要求，不选均不得分）。

1. 期货合约标准化指的是除（　　）外，其所有条款都是预先规定好的，具有标准化的特点。

A. 货物品质　　B. 交易单位　　C. 交割日期　　D. 交易价格

2. 某套利者买入5月份菜籽油期货合约同时卖出9月份菜籽油期货合约，价格分别为10 150元/10 110元/吨，平仓时两合约的期货价格分别为10 125元/吨和10 175元/吨，则该套利者平仓价差为（　　）元/吨。

A. 50　　B. －50　　C. 40　　D. －40

3. 交易者以13 660元/吨买入某期货合约100手（每手5吨），后以13 760元/吨全部平仓。若单续费以15元/手计算，则该交易者（　　）。

A. 盈利50 000元　　B. 亏损50 000元　　C. 盈利48 500元　　D. 亏损48 500元

4. 在期货期权交易中，期权买方有权在约定的期限内，按（　　）买入或卖出一定数量的期货合约。

A. 优惠价格　　B. 将来价格　　C. 事先确定价格　　D. 市场价格

5. 较为规范化的期货市场在（　　）产生于美国芝加哥。

A. 16世纪中期　　B. 17世纪中期　　C. 18世纪中期　　D. 19世纪中期

6. 12月1日，某油脂企业与某饲料厂签订合约，约定出售一批豆粕，协商以下一年3月份豆粕期货格为基准，以高于期货价格20元/吨的价格作为现货交收价格。同时该油脂企业进行套期保值3 215元/吨的价格卖出下一年3月份豆粕期货。则通过这些操作，该油脂企业将下一年3月份豆价格锁定为（　　）元/吨。

A. 3 195　　B. 3 235　　C. 3 255　　D. 无法判断

7. 金融期货产生的顺序是（　　）。

A. 外汇期货→股指期货→股票期货→利率期货

B. 外汇期货→利率期货→股指期货→股票期货

C. 利率期货→外汇期货→股指期货→股票期货

D. 股指期货→股票期货→利率期货→外汇期货

8. 某钢材贸易商签订供货合同，约定在三个月后按固定价格出售钢材，但手头尚未有钢材现货，此该贸易商的现货头寸为（　　）。

A. 多头　　B. 空头　　C. 买入　　D. 卖出

9. 某套利者卖出4月份铝期货合约，同时买入5月份铝期货合约，价格分别为19 670元/吨和19 8元/吨，平仓时4月份铝期货价格变为19 780元/吨，则5月份铝期货合约变为（　　）元/吨时，价是缩小的。

A. 19 970　　B. 19 950　　C. 19 980　　D. 19 900

套期保值的目的是为了规避价格风险
因为参与者众多、透明度高,期货市场具有发现价格的功能
2 年,交易所允许以(　　)方式免除履约责任,而不必交割实物。
实物交割　　B. 对冲　　C. 现金交割　　D. 期转现
15 日,某交易者在国内市场卖出开仓 50 手 9 月份棕榈油期货合约,成交价格为 8 600 元/吨。后,该投机者以 8 670 元/吨的价格将上述头寸全部平仓,若不计交易费用,其盈亏情况　　)元。
盈利 35 000　　B. 亏损 35 000　　C. 盈利 3 500　　D. 亏损 3 500
1 日,张家港豆油现货价格为 6 500 元/吨,9 月份豆油期货价格为 6 450 元/吨,则其基差(　　)元/吨。
-40　　B. 40　　C. -50　　D. 50
证 50ETF 期权的交割方式一般是(　　)。
实物交割　　B. 现金交割　　C. 对冲交割　　D. 支票交割
标的资产价格在损益平衡点以下时,随着标的资产价格的下跌,买进看跌期权者的收益(　　)。
. 增加　　B. 减少　　C. 不变　　D. 以上都不对
　　)是指独立于期货公司和客户之外,接受期货公司委托进行居间介绍,独立承担基于居间法律关系所产生的民事责任的自然人或组织。
. 介绍经纪商　　B. 期货居间人　　C. 期货公司　　D. 证券经纪人
E正向市场上,收获季节因大量农产品集中在较短时间内上市,基差会(　　)。
. 扩大　　B. 缩小　　C. 不变　　D. 不确定
月 25 日,5 月份大豆合约价格为 1 750 元/吨,7 月份大豆合约价格为 1 720 元/吨,某投机者根据当时形势分析后认为,两份合约之间的价差有扩大的可能。那么该投机者应该采取(　　)措施。
A. 买入 5 月份大豆合约,同时卖出 7 月份大豆合约
B. 买入 5 月份大豆合约,同时买入 7 月份大豆合约
C. 卖出 5 月份大豆合约,同时买入 7 月份大豆合约
D. 卖出 5 月份大豆合约,同时卖出 7 月份大豆合约
现代市场经济条件下,期货交易所是(　　)。
A. 高度组织化和规范化的服务组织
B. 期货交易活动必要的参与方
C. 影响期货价格形成的关键组织
D. 期货合约商品的管理者
下列对期货投机描述正确的是(　　)。
A. 期货投机交易的目的是利用期货市场规避现货价格波动的风险
B. 期货投机交易是在现货市场与期货市场上同时操作,以期达到对冲现货市场价格风险的目的
C. 期货投机者是通过期货市场转移现货市场价格风险
D. 期货投机交易是在期货市场上进行买空卖空,从而获得价差收益
. 关于国内上市期货合约的名称,下列表述正确的是(　　)。
A. 大连商品交易所菜籽油期货合约
B. 上海期货交易所燃料油期货合约

C. 上海期货交易所线型低密度聚乙烯期货合约

D. 郑州商品交易所焦炭期货合约

43. 芝加哥期货交易所 10 年期的美国国债期货合约的面值为 10 万美元，当报价为 98 - 175 时，合约的价值为(　　)美元。

A. 981 750　　B. 56 000　　C. 97 825　　D. 98 546. 88

44. 某日，我国外汇交易中心的外汇牌价为 100 美元兑换 611. 5 元人民币，这种汇率标价法是(

A. 人民币标价法　　B. 直接标价法　　C. 美元标价法　　D. 间接标价法

45. 下列关于期货交易和远期交易的说法，正确的是(　　)。

A. 两者的交易对象相同

B. 远期交易是在期货交易的基础上发展起来的

C. 履约方式相同

D. 信用风险不同

46. 在现货市场和期货市场上采取方向相反的买卖行为是(　　)。

A. 现货交易　　B. 期货交易　　C. 期权交易　　D. 套期保值交易

47. 4 月 1 日，某期货交易所 6 月份玉米价格为 2. 85 美元/蒲式耳，8 月份玉米价格为 2. 93 美元/耳。某投资者欲采用牛市套利(不考虑佣金因素)，则当价差为(　　)美分时，此投资者将头时平仓能够获利最大。

A. 8　　B. 4　　C. -8　　D. -4

48. 套期保值是在现货市场和期货市场上建立一种盈亏冲抵的机制，最终两个市场的亏损额与额(　　)。

A. 大致相等　　B. 完全相等　　C. 始终相等　　D. 始终不等

49. 远期交易的履约方式是(　　)。

A. 实物交收　　B. 对冲平仓

C. 实物交割与对冲平仓相结合　　D. 以上三项都可以

50. 持仓头寸获利后，如果要追加投资额，则(　　)。

A. 追加的投资额应小于上次的投资额

B. 追加的投资额应等于上次的投资额

C. 追加的投资额应大于上次的投资额

D. 立即平仓，退出市场

51. 期货投资基金的费用支出中，支付给 CPO 的费用是(　　)。

A. 手续费　　B. 营销费用　　C. 管理费　　D. 承销费用

52. CTA 是(　　)的简称。

A. 商品交易顾问　　B. 期货经纪商　　C. 交易经理　　D. 商品基金经理

53. (　　)是指广大投资者将资金集中起来，委托给专业的投资机构，并通过商品交易顾问进行期和期权交易，投资者承担风险并享受投资收益的一种集合投资方式。

A. 对冲基金　　B. 共同基金　　C. 对冲基金的基金　　D. 商品投资基金

54. (　　)已成为目前世界最具影响力的能源期货交易所。

A. 伦敦金属期货交易所　　B. 芝加哥期货交易所

C. 纽约商品交易所　　D. 纽约商业交易所

考虑交易成本,6 月 30 日的期货价格在 1 530 点以上才存在正向套利机会

考虑交易成本,6 月 30 日的期货价格在 1 500 点以下才存在反向套利机会

保值交易选取的工具较广,包括(　　)等衍生工具。

期货　　B. 期权　　C. 远期　　D. 互换

套期保值一般可运用于如下一些情形(　　)。

预计在未来要购买某种商品或资产,购买价格尚未确定时,担心市场价格上涨,使其购入成本提高

目前尚未持有某种商品或资产,但已按固定价格将该商品或资产卖出(此时处于现货空头头寸),担心市场价格上涨,影响其销售收益或者采购成本

按固定价格销售某商品的产成品及其副产品,但尚未购买该商品进行生产(此时处于现货空头头寸),担心市场价格上涨,购入成本提高

预计在未来要销售某种商品或资产,但销售价格尚未确定,担心市场价格下跌,使其销售收益下降

列关于看涨期权的说法,正确的是(　　)

卖方收取权利金后,卖方行权时,卖方承担向买方买入标的资产的义务

买方收取权利金后,就取得了卖出标的资产的权利

买方支付权利金后,就取得了买入标的资产的权利

卖方收取权利金后,买方行权时,卖方承担向买方卖出标的资产的义务

列关于跨品种套利,表述正确的是(　　)。

. 原油期货与汽油期货间套利属于跨品种套利

. 当小麦期货价格高出玉米期货价格的程度远小于市场正常价差水平,可以在买入玉米期货合约的同时,卖出小麦期货合约进行套利

. 当小麦期货价格高出玉米期货价格的程度远大于市场正常价差水平,可以在买入玉米期货合约的同时,卖出小麦期货合约进行套利

D. 大豆,豆油和豆粕间套利属于跨品种套利

下列关于期货合约持仓量的描述,正确的是(　　)。

A. 在买卖双方中,一方为卖出开仓,另一方为买入平仓时,持仓量不变

B. 买卖双方都是入市开仓,一方买入开仓,另一方卖出开仓时,持仓量减少

C. 买卖双方均为原交易者,一方卖出平仓,另一方买入平仓时,持仓量减少

D. 在买卖双方中,一方为买入开仓,另一方为卖出平仓时,持仓是增加

下列关于标准仓单的描述,正确的有(　　)。

A. 标准仓单是由期货交易所统一制定的,交易所指定交割仓库完成入库商品验收、确认合格后签发给货主的实物提货凭证

B. 标准仓单经交割仓库注册后生效,可用于交割、转让、提货、质押等

C. 标准仓单数量因交割、交易、转让、质押、注销等业务发生变化时,交易所收回原标准仓单持有凭证,签发新的标准仓单持有凭证

D. 标准仓单有仓库标准仓单和厂库标准仓单等形式

. 卖出看涨期权适用的市场环境有(　　)。

A. 标的物市场处于牛市

B. 标的物市场处于熊市

C. 预测后市上涨,或认为市场已经见底

D. 横盘,市场波动率低或收窄,或隐含价格波动率高

83. 下列关于期权时间价值的说法,正确的是(　　)。

A. 平值期权的时间价值总是大于等于0

B. 虚值期权的时间价值总是大于等于0

C. 实值欧式期权的时间价值总是大于等于0

D. 美式期权的时间价值总是大于等于0

84. 我国期货交易所的职能包括(　　)。

A. 组织并监督期货交易,监控市场风险

B. 制定并实施期货市场制度与交易规则

C. 提供交易的场所、设施和服务

D. 设计合约,安排合约上市

85. 投资者以3 310点开仓卖出沪深300股指期货合约5手,后以3 320点全部平仓,若不计交易

其交易结果为(　　)。

A. 盈利3 000元/手　B. 亏损15 000元　C. 亏损3 000/手　D. 盈利15 000元

86. 期货买卖双方进行期转现交易的情形包括(　　)。

A. 在期货市场上持有反向持仓的买卖双方,拟用标准仓单进行期转现

B. 未参与期货交易的生产商与期货多头持仓进行期转现

C. 在期货市场上持有反向持仓的买卖双方,拟用标准仓单以外的货物进行期转现

D. 买卖双方为现货市场的贸易伙伴在期货市场建仓希望远期交货价格稳定

87. 交易者在套期保值时,使用最优套期保值比率可以(　　)。

A. 最大限度地对冲被保值资产的价格风险

B. 完全对冲保值资产的价格风险

C. 最大限度地提高被保值资产的预期收益

D. 可以通过方差最小法求得

88. 我国10年期国债期货合约的说法正确的是(　　)。

A. 合约到期日首日剩余期限为6年到10年的记账式付息国债

B. 合约标的为面值为100万元人民币

C. 票面利率为3%

D. 采用百元净价报价

89. 下列期货合约中,在大连商品交易所上市交易的有(　　)。

A. 黄大豆合约　B. 玉米合约　C. 小麦合约　D. 棉花合约

90. 某企业若希望通过套期保值来回避原料价格上涨风险,应采取(　　)方式。

A. 多头套期保值　B. 空头套期保值　C. 买入套期保值　D. 卖出套期保值

91. 远期合约是双方在将来的一定时间,按照合约规定的价格交割货物,支付款项的合约。同远期

同相比,期货合约(　　)。

A. 在交易所交易的标准化合约

B. 只能用实物交割来进行结算

C. 合约缺乏流动性

D. 违约风险较低

92. 期货交易所以营造(　　)市场环境与维护投资者的合法权益为基本宗旨。

A. 公开　B. 公正　C. 诚信透明　D. 公平

者(　　)美元(不计手续费等费用)。

盈利 3 000　　B. 盈利 1 500　　C. 盈利 6 000　　D. 亏损 1 500

我国,某客户 6 月 5 日没有持仓。6 月 6 日该客户通过期货公司买入 10 手棉花期货合约,成交为 10 250 元/吨,当日棉花期货未平仓。当日结算价为 10 210 元/吨,期货公司要求的交易保证金比例为 5%,该客户当日保证金占用为(　　)元。

26 625　　B. 25 525　　C. 35 735　　D. 51 050

交易者以 13 500 元/吨卖出 5 月棉花期货合约 1 手,同时以 13 300 元/吨买入 7 月棉花期货合约 1 手,当两合约价格为(　　)时,将所持合约同时平仓,该交易盈利最大。

5 月份价格 13 600 元/吨,7 月份价格 13 800 元/吨

5 月份价格 13 700 元/吨,7 月份价格 13 600 元/吨

5 月份价格 13 200 元/吨,7 月份价格 13 500 元/吨

5 月份价格 13 800 元/吨,7 月份价格 13 200 元/吨

卖双方签订一份 3 个月后交割一揽子股票组合的远期合约,该一揽子股票组合与沪深 300 股指成完全对应,现在市场价值为 150 万元人民币,即对应于沪深指数 5 000 点。假定市场年利率 6%,且预计一个月后收到 15 000 元现金红利,则该远期合约的合理价格应该为(　　)元。

.1 537 500　　B. 1 537 650　　C. 1 507 500　　D. 1 507 350

当前某股票价格为 64.00 港元,该股票看涨期权的执行价格为 62.50 港元,权利金为 2.80 港元,其内涵价值为(　　)港元。

. −1.5　　B. 1.5　　C. 1.3　　D. −1.3

下列关于期货合约价值的说法,正确的是(　　)。

A. 报价为 95 − 160 的 30 年期国债期货合约的价值为 95 500 美元

B. 报价为 95 − 160 的 30 年期国债期货合约的价值为 95 050 美元

C. 报价为 96 − 020 的 10 年期国债期货合约的价值为 96 625 美元

D. 报价为 96 − 020 的 10 年期国债期货合约的价值为 96 602.5 美元

在小麦期货市场,甲为买方,建仓价格为 1 100 元/吨,乙为卖方,建仓价格为 1 300 元/吨,小麦搬运、储存、利息等交割成本为 60 元/吨,双方商定为平仓价格为 1 240 元/吨,商定的交收小麦价格比平仓价低 40 元/吨,即 1 200 元/吨。请问期货转现货后节约的费用总和是(　　)元/吨,甲方节约(　　)元/吨,乙方节约(　　)元/吨。

A. 20;40;60　　B. 40;20;60　　C. 60;40;20　　D. 60;20;40

某交易者买入执行价格为 3 200 美元/吨的铜期货看涨期权,当标的铜期货价格为 3 100 美元/吨时,则该交易者正确的选择是(　　)。

A. 执行期权,盈利 100 美元/吨　　B. 不应该执行期权

C. 执行期权,亏损 100 美元/吨　　D. 以上说法都不正确

. 某组股票现值 100 万元,预计隔 2 个月可收到红利 1 万元,当时市场利率为 12%,如买卖双方就该组股票 3 个月后转让签订远期合约,则净持有成本和合理价格分别为(　　)。

A. 19 900 元和 1 019 900 元

B. 20 000 元和 1 020 000 元

C. 25 000 元和 1 025 000 元

D. 30 000 元和 1 030 000 元

132. 某投资者在10月份以50点的权利金买进一张12月份到期、执行价格为9 500点的道・琼
美式看涨期权,期权标的物是12月到期的道・琼斯指数期货合约。若后来在到期日之前
易日,12月道・琼斯指数期货升至9 700点,该投资者此时决定执行期权,他可以获利(
元(忽略佣金成本,道・琼斯指数每点为10美元)。

A. 200　　B. 150　　C. 250　　D. 1 500

133. 5月20日,某交易者买入两手10月份铜期货合约,价格为16 950元/吨,同时卖出两手12
期货合约,价格为17 020元/吨,两个月后的7月20日,10月份铜合约价格变为17 010元
12月份铜合约价格变为17 030元/吨,则5月20日和7月20日相比,两合约价差(　　)

A. 扩大了30　　B. 缩小了30　　C. 扩大了50　　D. 缩小了50

134. 6月18日,某交易所10月份玉米期货合约的价格为2.35美元/蒲式耳,12月份玉米期货
价格为2.40美元/蒲式耳。某交易者采用熊市套利策略,则下列选项中使该交易者的净收
的有(　　)。

A. 10月份玉米合约涨至2.40美元/蒲式耳,12月份玉米合约价格跌至2.35美元/蒲式耳
B. 10月份玉米合约跌至2.30美元/蒲式耳,12月份玉米合约价格跌至2.35美元/蒲式耳
C. 10月份玉米合约涨至2.40美元/蒲式耳,12月份玉米合约价格涨至2.40美元/蒲式耳
D. 10月份玉米合约跌至2.30美元/蒲式耳,12月份玉米合约价格涨至2.45美元/蒲式耳

135. 香港恒生指数期货最小变动价位涨跌每点为50港元,某交易者在5月10日以21 670点买入
期货合约,每张佣金为25港元,如果6月10日该交易者以21 840点将手中合约平仓,则该交
的净收益是(　　)港元。

A. 24 670　　B. 23 210　　C. 25 350　　D. 28 930

136. 7月11日,某供铝厂与某铝贸易商签订合约,约定以9月份铝期货合约为基准,以低于铝期
格150元/吨的价格交收。同时该供铝厂进行套期保值,以16 600元/吨的价格卖出9月份铝
合约。此时铝现货价格为16 350元/吨。8月中旬,该供铝厂实施点价,以14 800元/吨的期
格作为基准价,进行实物交收。同时按该价格将期货合约对冲平仓。则该供铝厂的交易
是(　　)(不计手续费等费用)。

A. 基差走弱100元/吨,不完全套期保值,且有净亏损
B. 与铝贸易商实物交收的价格为14 450元/吨

《期货及衍生品基础

设指期货进行期现套利,正向套利操作是指(　　)。
进股票指数所对应的一揽子股票,同时卖出股票指数期货合约
出股票指数所对应的一揽子股票,同时买进股票指数期货合约
进近期股指期货合约,卖出远期股指期货合约
出近期股指期货合约,买进远期股指期货合约
加哥期货交易所美国5年期国债期货合约的报价为98-15,则该期货合约的价值为(　　)
元。
8 000.15　　B. 98 000　　C. 98 468.75　　D. 98 468.15
票期货合约的净持有成本为(　　)。
储存成本　　B. 资金占用成本
资金占用成本减去持有期内股票分红红利　　D. 资金占用成本加上持有期内股票分红红利
主要的下降趋势线的下侧(　　)期货合约,不失为有效的时机抉择。
卖出　　B. 买入　　C. 平仓　　D. 建仓
琼斯工业平均指数由(　　)只股票组成。
43　　B. 33　　C. 50　　D. 30
果看涨期权的卖方要对冲了结其期权头寸,应(　　)。
卖出相同期限、相同月份且执行价格相同的看涨期权
买入相同期限、相同月份且执行价格相同的看涨期权
卖出相同期限、相同月份且执行价格相同的看跌期权
买入相同期限、相同月份且执行价格相同的看跌期权
月初,某套利者在国内市场买入9月份天然橡胶期货合约的同时,卖出11月份天然橡胶期货合约,成交价分别为28 175元/吨和28 550元/吨。7月中旬,该套利者同时将上述合约对冲平仓,成交价格分别为29 250元/吨和29 550元/吨,则该套利者(　　)。
. 盈利75元/吨　　B. 亏损75元/吨　　C. 盈利25元/吨　　D. 亏损25元/吨
点价交易是指以期货价格加上或减去买卖双方协商的升贴水来确定买卖(　　)价格的交易方式。
. 期货合约和现货商品　　B. 现货商品　　C. 期权合约　　D. 期货合约
月中旬,某饲料厂预计两个月后将需要玉米5 000吨,决定利用玉米期货进行套期保值。该厂在7月份到期的玉米期货合约上建仓,成交价格为2 060元/吨。此时玉米现货价格为2 000元/吨。至5月中旬,玉米期货价格上涨至2 190元/吨,玉米现货价格为2 080元/吨。该饲料厂按照现货价格买入5 000吨玉米,同时按照期货价格将7月份玉米期货合约对冲平仓。则套期保值的结果为(　　)。
A. 基差不变,实现完全套期保值　　B. 基差走弱,不完全套期保值,存在净盈利
C. 基差走强,不完全套期保值,存在净盈利　　D. 基差走强,不完全套期保值,存在净亏损
当看涨期权的执行价格低于当时的标的物价格时,该期权为(　　)。
A. 实值期权　　B. 虚值期权　　C. 内涵期权　　D. 外涵期权
涨跌停板制度是指期货合约在一个交易日中的价格波动幅度不得(　　)规定的涨跌幅度。
A. 高于或低于　　B. 高于　　C. 低于　　D. 等于
期货市场的(　　)可以借助套期保值实现,通过在期货和现货两个市场进行方向相反的交易,从而在期货市场和现货市场之间建立一种盈亏冲抵机制,以一个市场的盈利弥补另一个市场的亏损,实现锁定成本、稳定收益的目的。
A. 价格发现的功能　　B. 套利保值的功能　　C. 风险分散的功能　　D. 规避风险的功能

21. 卖出套期保值是为了(　　)。

A. 规避期货价格上涨的风险　　B. 规避现货价格下跌的风险

C. 获得期货价格上涨的收益　　D. 获得现货价格下跌的收益

22. 在正向市场上,某交易者下达买入 5 月菜籽油期货合约同时卖出 7 月菜籽油期货合约的套利指令,价差为 100 元/吨。则该交易指令可以(　　)元/吨的价差成交。

A. 100　　B. 不低于 100　　C. 不高于 100　　D. 无法确定

23. (　　)是指期权权利金扣除内涵价值的剩余部分。

A. 盈利　　B. 内在价值　　C. 时间价值　　D. 剩余价值

24. 芝加哥商业交易所(CME)的 3 个月欧洲美元期货合约的交割方式为(　　)。

A. 实物交割　　B. 现金交割

C. 现金交割与实物交割混合　　D. 以上都不对

25. 对于股指期货来说,当出现期价低估时,套利者可进行(　　)。

A. 正向套利　　B. 反向套利　　C. 垂直套利　　D. 水平套利

26. 波浪理论认为,一个完整的价格周期要经过(　　)个过程,其中,上升周期由(　　)个上升(上升浪)和(　　)个下降过程(调整浪)组成。

A. 8;4;4　　B. 8;3;5　　C. 8;5;3　　D. 6;3;3

27. 9 月 15 日,美国芝加哥期货交易所下一年 1 月份小麦期货价格为 950 美分/蒲式耳,1 月份玉货价格为 325 美分/蒲式耳,某套利者按此价格卖出 10 手 1 月份小麦合约的同时买入 10 手 1 玉米合约。9 月 30 日,该交易者同时将小麦期货合约和玉米期货合约平仓,平仓价格分别为美分/蒲式耳、350 美分/蒲式耳。则该交易者盈利(　　)(1 手 = 5 000 蒲式耳)。

A. 20 000 美元　　B. 200 000 美元　　C. 2 000 000 美元　　D. 2 000 美元

28. 4 月 18 日,大连玉米现货价格为 1 700 元/吨,5 月份玉米期货价格为 1 640 元/吨,该市场为((假设不考虑品质价差和地区价差)。

A. 反向市场　　B. 牛市　　C. 正向市场　　D. 熊市

29. 某投资者在恒生指数期货为 22 500 点时买入 3 份恒生指数期货合约,并在恒生指数期货为22点时平仓。已知恒生指数期货合约乘数为 50,则该投资者平仓后(　　)。

A. 盈利 15 000 港元　　B. 亏损 15 000 港元　　C. 盈利 45 000 港元　　D. 亏损 45 000 港元

30. 期货保证金存管银行是由(　　)指定,协助交易所办理期货交易结算业务的银行。

A. 证监会　　B. 交易所　　C. 期货公司　　D. 银行总部

31. 在期货交易中,通过套期保值转移出去的大部分风险主要是由期货市场中大量存在的(承担。

A. 期货投机者　　B. 套利者　　C. 套期保值者　　D. 期货公司

32. 1975 年,(　　)推出了第一张利率期货合约——国民抵押协会债券期货合约。

A. 芝加哥商业交易所　　B. 芝加哥期货交易所　　C. 伦敦金属交易所　　D. 纽约商品交易所

33. 金融期货最早产生于(　　)年。

A. 1968　　B. 1970　　C. 1972　　D. 1982

34. 道琼斯工业平均指数的英文缩写是(　　)。

A. DJIA　　B. DJTA　　C. DJUA　　D. DJCA

35. 在我国,为了防止交割中可能出现的违约风险,交易保证金比率一般(　　)。

A. 随着交割期临近而提高　　B. 随着交割期临近而降低

入 5 手 CBOT3 月份大豆期货合约,同时卖出 5 手大连商品交易所 5 月份大豆期货合约
出 1 手 LME3 月份铜期货合约,同时卖出 1 手 CBOT5 月份大豆期货合约
出 3 手 3 月份上海期货交易所铜期货合约,同时买入 1 手 3 月份大连商品交易所大豆期货合约

关于套利交易指令的说法,不正确的是( )。
入和卖出指令同时下达
利指令有市价指令和限价指令等
利指令中需要标明各个期货合约的具体价格
限价指令不能保证立刻成交

市场上铜的买卖双方达成期转现协议,买方开仓价格为 57 500 元/吨,卖方开仓价格为58 100 吨,协议平仓价格为 57 850 元/吨,协议现货交收价格为 57 650 元/吨,卖方可节约交割成本 400 吨,则卖方通过期转现交易可以( )。

少卖 100 元/吨　　B. 多卖 100 元/吨
少卖 200 元/吨　　D. 多卖 200 元/吨

投资者通过蝶式套利方法进行交易,他在某期货交易所买入 2 手 3 月铜期货合约,同时卖出 5 手 月铜期货合约,并买入 3 手 7 月铜期货合约。价格分别为 68 000 元/吨,69 500 元/吨和 69 850 /吨。当 3 月、5 月和 7 月价格分别变为( )时,该投资者平仓后能够净盈利 150 元/吨。
. 67 680 元/吨;68 930 元/吨;69 810 元/吨
67 800 元/吨;69 300 元/吨;69 700 元/吨
. 68 200 元/吨;70 000 元/吨;70 000 元/吨
. 68 250 元/吨;70 000 元/吨;69 890 元/吨

反向市场上,交易者买入 5 月大豆期货合约同时卖出 9 月大豆期货合约,则该交易者期( )。

. 价差将缩小　　B. 价差将扩大
. 价差将不变　　D. 价差将不确定

海铜期货市场某一合约的卖出价格为 19 500 元,买入价格为 19 510 元,前一成交价为19 480元,那么该合约的撮合成交价应为( )元。

A. 19 480　　B. 19 490　　C. 19 500　　D. 19 510

多项选择题(共 40 小题,每小题 1 分,共 40 分,以下备选项中有两项或两项以上符合题目要求,多少选、错选均不得分)。

一般在正向市场情况下,对商品期货而言,下列说法正确的是( )。
A. 当行情上涨时,近期合约涨幅大于远期合约
B. 当行情上涨时,近期合约涨幅小于远期合约
C. 当行情下跌时,近期合约跌幅大于远期合约
D. 当行情下跌时,近期合约跌幅小于远期合约

下列关于短期国债与中长期国债的付息方式的说法中,正确的是( )。
A. 中长期国债通常采用贴现方式发行,到期按照面值兑付
B. 短期国债通常采用贴现方式发行到期按照面值兑付
C. 中长期国债通常为分期付息的债券
D. 短期国债通常为分期付息的债券

63. 跨市套利时,应(　　)。

A. 买入相对价格较低的合约　　B. 卖出相对价格较低的合约

C. 买入相对价格较高的合约　　D. 卖出相对价格较高的合约

64. 我国会员制期货交易所会员资格获得方式主要包括(　　)。

A. 接受发起人的转让加入　　B. 依据期货交易所的规则加入

C. 以交易所创办发起人的身份加入　　D. 由期货监管部门特批加入

65. 商品投资基金涉及(　　)等主体,部分风险的产生与这些主体的行为是有直接关联的。

A. 托管人　　B. 基金经理

C. 期货佣金商　　D. 商品交易顾问

66. 实际上,许多期货佣金商同时也是(　　),向客户提供投资项目的业绩报告,同时也为客户资于商品投资基金的机会。

A. 商品基金经理　　B. 商品交易顾问　　C. 交易经理　　D. 托管人

67. 套利交易中模拟误差产生的原因有(　　)。

A. 组成指数的成分股太多

B. 短时期内买进卖出太多股票有困难

C. 准确模拟将使交易成本大大增加

D. 股市买卖有最小单位的限制

68. 阴线中,实体的上影线的长度表示(　　)和(　　)之间的价差。

A. 最高价　　B. 最低价　　C. 开盘价　　D. 收盘价

69. 下列期权为虚值期权的是(　　)。

A. 看涨期权,且执行价格低于其标的资产价格

B. 看涨期权,且执行价格高于其标的资产价格

C. 看跌期权,且执行价格高于其标的资产价格

D. 看跌期权,且执行价格低于其标的资产价格

70. 以下关于看涨期权的说法,正确的是(　　)。

A. 如果已持有期货空头头寸,可买进该期货合约的看涨期权加以保护

B. 持有现货者,可买进该现货的看涨期权规避价格风险

C. 如果已持有期货多头头寸,可买进该期货合约的看涨期权加以保护

D. 交易者预期标的资产价格上涨,可买进看涨期权获取价差收益

71. 当股票组合和股指期货合约的价值确定后,套期保值者所需买卖的期货合约数与 β 系数的系是(　　)。

A. 成正比关系

B. 成反比关系

C. 买卖期货合约数 = 现货总价值/股指期货合约价值 × β 系数

D. 买卖期货合约数 = 现货总价值/(股指期货合约价值 × β 系数)

72. 关于 β 系数,以下说法正确的是(　　)。

A. β 系数用来衡量证券或证券组合与整个市场风险程度的比较

B. β 系数大于 1,说明证券或证券组合的风险程度小于整个市场的风险程度

C. 股票组合的 β 系数比单个股票的 β 系数可靠性高

D. 单个股票的 β 系数比股票组合的 β 系数可靠性高

者卖出看跌期权是为了(　　)。

得权利金　　B. 改善持仓

取价差收益　　D. 保护已有的标的物的多头

属于权益类期权的有(　　)。

票期权　　B. 股指期权

F 期权　　D. 利率期权

r 为年利息率；d 为年指数股息率；t 为所需计算的各项内容的时间变量；T 代表交割时间；$S(t)$ 时刻的现货指数；$F(t,T)$ 表示 T 时交割的期货合约在 t 时的理论价格(以指数表示)；TC 为所易成本的合计，则下列说法正确的是(　　)。

套利区间的上界应为 $F(t,T)+TC=S(t)[1+(r-d)\times(T-t)/365]+TC$

套利区间的下界应为 $F(t,T)-TC=S(t)[1+(r-d)\times(T-t)/365]-TC$

套利区间的下界应为 $TC-F(t,T)=TC-S(t)[1+(r-d)\times(T-t)/365]$

以上都对

国某投资机构预计美联储将降低利率水平，而其他国家相关政策保持稳定，决定投资于日元、加期货市场，适合选择(　　)合约。

买入日元期货　　B. 卖出日元期货　　C. 买入加元期货　　D. 卖出加元期货

算某会员的当日盈亏，应当先取得该会员(　　)的数据。

. 平当日仓盈亏　　B. 交易保证金

. 平历史仓盈亏　　D. 持仓盯市盈亏

断题(共 20 题，每小题 0.5 分，共 10 分，正确的选 A，错误的选 B。不选、错选均不得分)。

期货交易与远期交易均为买卖双方约定于未来某一特定时间以约定价格买入或卖出一定数量的商品。(　　)

某交易者预计棉花将因适宜的气候条件而大幅增产，他最有可能进行买入棉花期货合约的交易。(　　)

会员大会是会员制期货交易所的权力机构。(　　)

个人投机者是指用自有资金或者从分散的公众手中筹集的资金专门进行期货投机活动的交易主体。(　　)

上海期货交易所交易的期货品种包括铜、铝、锌、铅、天然橡胶、燃料油等。(　　)

一般来说，期货价格和现货价格之间的价差主要反映了持仓费。但现实中，价差并不绝对等同于持仓费。当两者出现较大的偏差时，期现套利机会就会出现。(　　)

买进看跌期权的交易者在履行期权合约后将成为标的物的多头。(　　)

如果套期保值者在期货和现货两个市场的盈亏不是完全冲抵的，这种套期保值被称为不完全套期保值或非理想套期保值。(　　)

场外期权的标的物一定是实物资产，场内期权的标的物一定是期货合约。(　　)

最早的金属期货交易诞生于美国。(　　)

. 期货交割时，允许交货人用与标准品有一定等级差别、期货交易所认可的替代商品作替代交割品。(　　)

. 金字塔式买入、卖出是在市场行情与预料的相反的情况下所采用的方法。(　　)

. 期货公司会员、非期货公司会员、一般客户适用相同的持仓限额以及持仓报告标准。(　　)

. 交易者预期标的资产价格上涨，适合买进看跌期权。(　　)

115. 目前,中国金融期货交易所的成交量和持仓量数据按双边计算。

116. 行使申诉权是会员制交易所会员享有的权利。

117. 3 月 1 日,大连商品交易所 9 月份大豆期货价格为 3 860 元/吨,大豆现货价格为 3 800 元/
大豆的基差为 60 元/吨。

118. 其他因素不变的情况下,预期未来利率水平下降,投资者可卖出利率期货合约,期待利率
格下跌后平仓获利。

119. 在其他条件不变的情况下,标的资产价格波动程度越大,期权价格越高。

120. 期货市场能够为政府制定宏观政策提供参考。

四、综合题(共 20 题,每小题 1 分,共 20 分,以下备选项中只有一项最符合题目要求,不选、错
得分)。

121. 某投资者在上一交易日的可用资金余额为 60 万元,上一交易日的保证金占用额为 22.5 万
日保证金占用额为 16.5 万元,当日平仓盈亏为 5 万元,当日持仓盈亏为 -2 万元,当日出
万元。该投资者当日可用资金余额为(　　)万元(不计手续费等费用)。

A. 58　　B. 52　　C. 49　　D. 74.5

122. 某机构打算用 3 个月后到期的 1 000 万资金购买等金额的 A、B、C 三种股票,现在这三种股
格分别为 20 元、25 元和 60 元,由于担心股价上涨,则该机构采取买进股指期货合约的方
成本。假定相应的期指为 2 500 点,每点乘数为 100 元,A、B、C 三种股票的 β 系数分别为 0
和 1.3。则该机构需要买进期指合约(　　)张。

A. 44　　B. 36　　C. 40　　D. 52

123. 甲小麦贸易商拥有一批现货,并做了卖出套期保值。乙面粉加工商是甲的客户,需购进一批小
考虑价格会下跌,不愿在当时就确定价格,而要求成交价后议。甲提议基差交易,提出确定价
则是比 10 月期货价低 3 美分/蒲式耳,双方商定给乙方 20 天时间选择具体的期货价。乙方
件,交易成立。试问如果两周后,小麦期货价格大跌,乙方执行合同,则双方交易结果是(　　)

A. 甲小麦贸易商不能实现套期保值目标

B. 甲小麦贸易商可实现套期保值目标

C. 乙面粉加工商不受价格变动影响

D. 乙面粉加工商遭受了价格下跌的损失

124. 4 月 1 日,沪深 300 现货指数为 3 000 点,市场年利率为 5%,年指数股息率为 1%,若交易成
计为 35 点,则 5 月 1 日到期的沪深 300 股指期货(　　)。

A. 在 3 069 以上反向套利机会　　B. 在 3 010 以上正向套利机会

C. 在 3 034 以上存在反向套利机会　　D. 在 2 975 以下存在反向套利机会

125. 某投机者预测 10 月份大豆期货合约价格将上升,故买入 10 手大豆期货合约,成交价格为 2
元/吨。可此后价格不升反降,为了补救,该投机者在 2 000 元/吨的价格再次买入 5 手合约,
价反弹到(　　)时才可以避免损失。

A. 2 010 元/吨　　B. 2 020 元/吨　　C. 2 015 元/吨　　D. 2 025 元/吨

126. 某投资者在 2 月份以 500 点的权利金买进一张 5 月份到期执行价格为 21 000 点的恒指看涨期
同时又以 300 点的权利金买进一张 5 月到期执行价格为 20 000 点的恒指看跌期权。则该投
的买入看涨期权和买入看跌期权盈亏平衡点分别为(　　)(不计交易费用)。

A. 20 500 点;19 700 点　　B. 21 500 点;19 700 点

C. 21 500 点;20 300 点　　D. 20 500 点;19 700 点

公司购入 500 吨小麦，价格为 1 300 元/吨，为避免价格风险，该公司以 1 330 元/吨价格在郑麦 3 个月后交割的期货合约上做卖出套期保值并成交。2 个月后，该公司以 1 260 元/吨的价该批小麦卖出，同时以 1 270 元/吨的成交价格将持有的期货合约平仓。该公司该笔交易的（其他费用不计）为（　　）元。

亏损 50 000　　B. 盈利 10 000　　C. 亏损 3 000　　D. 盈利 20 000

户开仓卖出大豆期货合约 20 手，成交价格为 2 020 元/吨，当天平仓 5 手合约，成交价格为 0元，当日结算价格为 2 040 元/吨，则其当日平仓盈亏为（　　）元，持仓盈亏为（　　）元。

-500；-3 000　　B. 500；3 000　　C. -3 000；-50　　D. 3 000；500

投机者买入 2 张 9 月份到期的日元期货合约，每张金额为 12 500 000 日元，成交价为0.006 835 元/日元，半个月后，该投机者将两张合约卖出对冲平仓，成交价为 0.007 030 美元/日元。该笔机的结果是（　　）。

亏损 4 875 美元　　B. 盈利 4 875 美元　　C. 盈利 1 560 美元　　D. 亏损 1 560 美元

卷（二）（见软件）

一）~（二）（见软件）

关注微信公
公众号，点击
背面，请妥善

模拟押题　微信扫描

微信公众号：cjtkwx

第三部分　参考答案及解析

《期货及衍生品基础》真题试卷(一)参考答案及解析

一、单项选择题

1. C 【解析】交易者首先卖出了期货合约，作为空头，当合约价格上涨(高于75 200元/吨)时，交易者该交易出现损失，由于设定的最大损失额限制为100元/吨，因此下达止损指令时设定的价格应为75 300元/吨。

2. B 【解析】建仓时价差＝高价－低价＝5月份菜籽油期货合约价格－9月份菜籽油期货合约价格。计算平仓时的价差时，要用建仓时价格较高的合约平仓价格减去建仓时价格较低的合约平仓价格。平仓时价差＝10 125－10 175＝－50(元/吨)。

3. B 【解析】止损指令是实现“限制损失、累积盈利”的有力工具。

4. A 【解析】中国证监会依照法律、法规和国务院授权，统一监督管理全国证券期货市场，维护证券期货市场秩序，保障其合法运行。

5. D 【解析】技术分析法用来判断某种市场趋势下行情的涨跌幅度与持续时间，基本分析法用来判断市场走势。

6. D 【解析】总经理是负责期货交易所日常经营管理工作的高级管理人员。

7. B 【解析】交易结果＝(35.15－35.55)×3×5 000＝－6 000(港元)。

8. B 【解析】基差＝现货价格－期货价格＝59 100－59 800＝－700(元/吨)。

9. C 【解析】实物交割时，一般是以标准仓单的交收实现所有权转移的。

10. B 【解析】从4月1日到6月30日，时间为3个月，即3/12年。F(4月1日，6月30日)＝$S(t)[1+(r-d)\times(T-t)/365]$＝1 400×[1＋(5%－1.5%)×3÷12]＝1 412.25(点)。

11. C 【解析】该交易者以2美元/股卖出期权，以1美元/股买入期权平仓，则平仓损益＝权利金卖出价－权利金买入价＝(2－1)×1×100＝100(美元)。

12. A 【解析】期货公司是代理客户进行期货交易并收取交易佣金的中介组织。

13. D 【解析】原油是汽油和燃料油的原料，所以属于原料与成品间的套利。

14. C 【解析】金融期货的出现，使期货市场发生了翻天覆地的变化，彻底改变了期货市场的格局。

15. C 【解析】目前我国的期货结算机构属于期货交易所的内部机构。

16. B 【解析】在我国上海期货交易所，当会[illegible]种持仓合约的投机头寸达到交易所对其规定的投[illegible]量80%以上(含本数)时，会员或客户应向交易所[illegible]况、头寸情况等，客户须通过期货公司会员报告。

17. D 【解析】大连商品交易所成立于1993[illegible]大连商品交易所上市交易的主要品种有玉米、黄[illegible]油、棕榈油、线型低密度聚乙烯(LLDPE)、聚氯乙[illegible]烯、焦炭、焦煤、铁矿石、鸡蛋、胶合板、纤维板、玉[illegible]选项D燃料油属于上海期货交易所上市的品种。

18. B 【解析】当交易者保证金余额不足以维[illegible]时，清算所会通知经纪人发出追加保证金的通知，[illegible]规定时间内追缴保证金以使其达到初始保证金水平[illegible]

19. B 【解析】当日无成交价格的，以上一交[illegible]作为当日结算价。

20. A 【解析】题干所述为基差走强的情况。

21. B 【解析】看跌期权卖出者被要求执行期[illegible]相关期货的多头，而期权买方获得期货的空头。

22. C 【解析】期货交易的杠杆效应使期货交易[illegible]和高风险的特点。保证金比率越低，杠杆效应就越[illegible]高风险的特点就越明显。

23. B 【解析】美式期权比欧式期权更灵活一[illegible]费也高些。

24. B 【解析】恒指期货合约每点价值50港元，[illegible]指数从16 000点跌到15 980点时恒指期货合约的实[illegible]为(16 000－15 980)×50＝1 000(港元)。

25. A 【解析】比较典型的反转形态有头肩形[illegible](M头)形态、双重底(W底)形态、三重顶形态、三重底[illegible]顶形态、圆弧底形态、V形形态等。

26. A 【解析】在进行套利时，交易者注意的是[illegible]不同市场之间的相互价格关系。

27. D 【解析】在使用限价指令进行套利时，交易[illegible]买卖期货合约之间的价差。

28. D 【解析】A、B、C三项属于商品期货。国债[illegible]融期货中的利率期货。

29. C 【解析】如果短期利率下降，投资人将从购[illegible]国债期货合约中得益。这部分利润将补偿投资者投资[illegible]未来短期利率下跌时减少的收益率的损失。

30. A 【解析】一份标准普尔指数期货合约为250[illegible]约，此时平仓的盈亏为250×(420－430)＝－2 500(美[illegible]

31. A 【解析】按期权购买者执行期权的时限划分[illegible]分为欧式期权和美式期权。前者是指期权的购买者只[illegible]到期日才能执行期权(即行使买进或卖出标的资产的[illegible]

权为虚值期权。

解析】若投资者预期市场利率下降，或者预期一定收益率下降，则债券价格将会上涨，便可选择多头期货合约，期待期货价格上涨获利。若投资者预计或债券收益率上升，则债券价格将下跌，便可选卖出国债期货合约，期待期货价格下跌获利。

解析】基差变大时，称为走强。以下均属于基差走数值越来越大、基差从负值变为正值、基差为负值来越小。

【解析】实值看涨期权的执行价格低于其标的资产权的执行价格高于其标的资产价格。故A、D正确。

【解析】期权空头头寸可通过对冲平仓、接受买方行至到期的方式了结头寸。因为是卖出看涨期权，所行权时，需要卖出期权标的物；作为空头头寸，对冲平入相同期限、相同合约月份且执行价格相同的看涨

D 【解析】可以适用于牛市套利的可储存的商品有大豆、糖、铜等。

【解析】沪深300股指期货合约最低交易保证金为8%；交割方式为现金交割。

【解析】反向市场的出现主要有两个原因：①近期对资产需求非常迫切，远大于近期产量及库存量，使现度增加，高于期货价格。②预计将来该商品的供给会，导致期货价格大幅度下降，低于现货价格。

CD 【解析】心理因素是指投机者对市场的预期。当信心十足时，即使没有利好消息，价格也可能上涨；反对市场失去信心时，即使没有利空因素，价格也会下处于牛市时，一些微不足道的利好消息都会刺激投机心理，引起价格上涨，利空消息往往无法扭转价格坚挺市场处于熊市时，一些微不足道的利空消息都会刺激做空心理，引起价格下跌，利好消息往往无法扭转价格势。

C 【解析】期货套利交易对期货市场的健康发展起到要的作用。主要表现在两个方面：①期货价差套利行为同期货合约价格之间关系的形成，促使价格趋于合理。为有助于市场流动性的提高。

D 【解析】卖出看跌期权的平仓损益 = 权利金卖出价 - 入价，买方的最大损失是全部的权利金。而标的资产价执行价格以下，买方执行期权，卖方被要求履约时，则必价格从买方处买入标的资产，随着标的资产价格的下收益减少，直至出现亏损，下跌越多，亏损越大。所以看头承担的风险大于看跌期权多头。

AB 【解析】在国际外汇市场上，欧元、英镑、澳元等采用间接标价法。

97. ABC 【解析】在国际期货市场，持仓限额及大户报告制度的实施呈现如下特点：①交易所可以根据不同期货品种及合约的具体情况和市场风险状况制定和调整持仓限额和持仓报告标准。②通常来说，一般月份合约的持仓限额及持仓标准高，临近交割时，持仓限额及持仓报告标准低。③持仓限额通常只针对一般投机头寸，套期保值头寸、风险管理头寸及套利头寸可以向期货交易所申请豁免。

98. ACD 【解析】平值期权和虚值期权的时间价值总是大于等于0。由于平值和虚值期权的内涵价值等于0，而期权的价值不能为负，所以平值期权和虚值期权的时间价值总是大于等于0。

99. AB 【解析】跨市套利，也称市场间套利，指在某个交易所买入(或卖出)某一交割月份的某种商品合约的同时，在另一个交易所卖出(或买入)同一交割月份的同种商品合约，以期在有利时机分别在两个交易所同时对冲所持有的合约而获利。

100. AB 【解析】看涨期权的买方在支付权利金后，便可享有按约定的执行价格买入相关标的资产的权利，但不负有必须买进的义务。买方的收益随着标的物价格的上涨而上涨。

三、判断题

101. B 【解析】期货市场的功能是资产配置功能、价格发现功能、规避风险功能。

102. A 【解析】题干表述正确。

103. B 【解析】集中交割也称为一次性交割，指所有到期合约在交割月份最后交易日过后一次性集中交割的交割方式。

104. A 【解析】题干表述正确。

105. A 【解析】期权执行价格和市场价格的差额越大，则时间价值越小。当一种期权处于深度实值或深度虚值时，其时间价值都将趋向于0。

106. B 【解析】期货交易的保证金制度是任何交易者都需缴纳资金。

107. A 【解析】期货公司应遵循《中华人民共和国公司法》(简称公司法)关于公司治理结构的一般要求，即建立由期货公司股东会、董事会、监事会、经理层和公司员工组成的合理的公司治理结构；明确股东会、董事会、监事会及经理层的职责权限，完善决策程序，形成协调高效、相互制衡的制度安排；并确立董事、监事、高级管理人员的义务和责任。

108. A 【解析】实现“风险对冲”，在套期保值操作中应满足的条件：①在套期保值数量选择上，要使期货与现货市场的价值变动大体相当。②在期货头寸方向的选择上，应与现货头寸相反或作为现货未来交易的替代物。③期货头寸持有时间段与现货承担风险的时间段对应。

109. A 【解析】题中是交易所可以调整交易保证金比率的

情况之一。

110. B 【解析】间接标价法是以外币表示本币的价格。

111. B 【解析】套期保值的实质是用较小的基差风险代替较大的现货价格风险。

112. B 【解析】由于受到相同因素的影响，一般情况下期货、现货两个市场的价格变动趋势相同，并且随着期货合约临近交割，现货价格与期货价格趋于一致。

113. B 【解析】看涨期权又称买入期权，因为投资者预期价格将会上涨，从而可以协议价买入并以市价卖出而获利。

114. A 【解析】题干表述正确。

115. B 【解析】许多 FCM 同时也是 CPO 或 TM，向客户提供投资项目的业绩报告，同时也为客户提供投资于商品投资基金的机会。

116. A 【解析】在我国，期货交易者交纳的保证金可以是资金，也可以是价值稳定、流动性强的标准仓单或者国债等有价证券。

117. B 【解析】目前我国境内四家期货交易所的结算机构均是交易所的内部机构。

118. B 【解析】期货交易实行每日无负债结算制度，交易双方必须缴纳一定数额的保证金，并且在持仓期间始终要维持一定的保证金水平。

119. B 【解析】交易者在买卖期货合约时按合约价值的一定比率缴纳保证金（一般为 5% ~15%）作为履约保证，即可进行数倍于保证金的交易。

120. A 【解析】题干描述正确。

四、综合题

121. B 【解析】期现套利是通过利用期货市场和现货市场的不合理价差进行反向交易而获利。

122. A 【解析】选项 A，大豆现货亏 10 美分/蒲式耳，买进看涨期权对冲，盈利 3 美分/蒲式耳，合计亏 7 美分/蒲式耳。选项 B，大豆现货亏 5 美分/蒲式耳，买进看涨期权对冲，盈利 6 美分/蒲式耳，一共盈利 1 美分/蒲式耳。选项 C，现货赚 10 美分/蒲式耳，买进看涨期权对冲，亏损 2 美分/蒲式耳，一共盈利 8 美分/蒲式耳。选项 D，现货赚 80 美分/蒲式耳，买进看涨期权对冲，亏损 35 美分/蒲式耳，一共盈利 45 美分/蒲式耳。

123. B 【解析】大豆期货合约每手 10 吨。①当日盈亏 = Σ[（卖出成交价 - 当日结算价）× 卖出量] + Σ[（当日结算价 - 买入成交价）× 买入量] +（上一交易日结算价 - 当日结算价）×（上一交易日卖出持仓量 - 上一交易日买入持仓量）=（2 850 - 2 840）×40 ×10 +（2 840 - 2 800）×100 ×10 = 44 000（元）。②当日交易保证金 = 当日结算价 × 当日交易结束后的持仓总量 × 交易保证金比例 = 2 840 ×60 ×10 ×10% = 170 400（元）。③当日结算准备金余额 = 上一交易日结算准备金余额 + 上一交易日交易保证金 - 当日交易保证金 + 当日盈亏 + 入金 - 出金 - 手续费（等）= 200 000 - 170 400 + 44 000 = 73 60

124. C 【解析】期货交易有实物交割与对冲方式，绝大多数都是通过对冲平仓了结交易的。是实物交收。

125. C 【解析】看涨期权的内涵价值 = Max(期权的内涵价值 = Max(K - S,0)。选项 A 的内涵63.95 = 0.55（港元）。选项 B 的内涵价值 = 67.50（港元）。选项 C 的内涵价值 = 0(63.95 - 67.50 <内涵价值 = 63.95 - 60.00 = 3.95（港元）。选项 C 低，故选 C。

126. B 【解析】在现货市场上：3 600 - 4 150吨），相当于亏损 550 元/吨；在期货市场上：4 780（元/吨），相当于盈利 430 元/吨。所以该企业的总200 ×10 - 550 ×2 000 = - 240 000（元），即净损失 2

127. B 【解析】当股票价格为 36 美元/股时，买权不执行，买入的看涨期权执行，总盈亏 = 标的资产价格 - 权利金 = [（36 - 35）- 2 - 4] ×100 = - 500(票价格为 34 美元/股时，买入的看涨期权不执行，买权执行，总盈亏 = 执行价格 - 标的资产价格 - 权利34）- 2 - 4] ×100 = - 500（美元）。

128. B 【解析】期货市场盈利为 5 080 - 5 0吨），相当于买入大豆现货价格为 5 060 - 50 = 5 010(差由 10 元/吨（5 040 - 5 030）到 - 20 元/吨（5 060 -正到负，市场由反向变成正向；经销商担心价格下跌，入套期保值交易。

129. C 【解析】由题意知，期转现后，多头购入格为 10 400 -（10 450 - 10 210）= 10 160（元/吨），空实际价格为 10 400 +（10 630 - 10 450）= 10 580（元/可知，空头实际销售价格比开仓价格少了 50 元/吨，但成本 200 元/吨，综合起来仍比不进行期转现交易节约吨，期转现对其有利。

130. B 【解析】看涨期权的内涵价值 = Max(S - K(64 - 67.5,0) = 0。

131. B 【解析】权利金盈利：- 20 - 10 = - 30（美于期货合约价格上涨，执行看涨期权，则盈利：150 - 14元/吨）；总的盈利：- 30 + 10 = - 20（美元/吨）。

132. C 【解析】由题干可以得卖出的是 4 张合约，现(1.443 2 - 1.412 0) ×50 = 1.56（万美元）；期货盈利 = (1.410 1) ×12.5 ×4 = 1.745（万美元）。

133. C 【解析】基差 = 现货价格 - 期货价格，建仓为 - 750 元/吨，平仓时基差为 - 630元/吨，基差走强 12现货市场价格增长比期货市场价格增长高，做买入套期损。（基差走强，买入套期保值有净亏损；基差走弱，买入

)(元/吨)。

析】套期保值本质上是一种转移风险的方式。

析】该矿产企业进行套期保值,应当进行卖出套期

卖出价为310元/克,买入平仓价为295元/克,则

盈利为15元/克。7月初,黄金的现货价格为290

保值,该矿产企业黄金的实际售价相当于现货市

格+期货市场盈利=290+15=305(元/克)。

解析】股指期货可用于套期保值,以降低投资组合

它不仅可以对现货指数进行套期保值,而且可以

特定的股票组合进行套期保值。

解析】在我国,豆粕1手=10吨,当日盈亏=(2 134−

0=−10 400(元);当日结算准备金余额=600 000−

0×5%−10 400=546 920(元)。

解析】期货市场在微观经济中的作用体现在:锁定

现预期利润;利用期货价格信号,组织安排现货生

拓展现货销售和采购渠道。

解析】建仓时价差=63 200−63 000=200(元/吨),平

150−62 850=300(元/吨),价差扩大了100元/吨。

【解析】期货交易的交割时间是在合约签订的将来某

【解析】上海期货交易所上市交易的主要品种有铜、

螺纹钢、线材、热轧卷板、天然橡胶、黄金、白银、燃料

青、锡、镍期货等。白砂糖属于郑州商品交易所上市

【解析】生产经营者通过套期保值来规避风险,但套

是消灭风险,而只是将其转移,转移出去的风险需要

承担者,期货投机者正是期货市场的风险承担者。

【解析】若市场处于反向市场,做多头的投机者应买

较远的合约,行情看涨时可以获利,行情看跌时损失

项选择题

BCD 【解析】利率期货是指以利率类金融工具为期货

物的期货品种,与利率期货相关的利率工具有:定期存

借资金、短期国债、中长期国债。

BCD 【解析】本题考查期货投机交易与套期保值的区

交易目的来看,期货投机交易是以赚取价差收益为目

期保值交易是利用期货市场规避现货价格波动的风险。

方式来看,期货投机交易是在期货市场上进行买空卖

获得价差收益;套期保值交易则是在现货市场与期货市

操作,以期达到对冲现货市场的价格波动风险。③从交易

看,期货投机者在交易中通常是为博取价差收益而主动承

的价格风险;套期保值者则是通过期货交易规避现货价格

63. BC 【解析】看涨期权的内涵价值=Max($S-K$,0)。因此,当标的资产价格小于等于执行价格时,看涨期权的内涵价值为0。

64. BCD 【解析】选项A,履约损益=执行价格−标的资产买价+权利金。

65. CD 【解析】买入看跌期权和卖出看涨期权的履约部位是空头,行权后成为期货空头,卖出看跌期权和买入看涨期权行权后成为期货多头。

66. AB 【解析】蝶式套利的具体操作方法:买入(或卖出)较近月份合约,同时卖出(或买入)居中月份合约,并买入(或卖出)较远月份合约,其中,居中月份合约的数量等于较近月份和较远月份合约数量之和。故选项A、B正确。

67. ABCD 【解析】一般的,影响某种商品需求的因素主要包括商品自身的价格、替代品和互补品的价格、消费者对商品价格的预期、消费者的收入水平、消费者的偏好、政府的消费政策等。

68. ABC 【解析】本题考查竞价方式,选项A、B、C均正确。

69. CD 【解析】规避风险和价格发现是期货市场的两大基本功能;期权作为一种主要的衍生金融工具,在投资、规避风险以及资产管理等业务领域中发挥着重要作用。所以选项C、D正确。

70. ABD 【解析】第二次清理整顿交易所的数量精简合并为3家,分别是郑州商品交易所、大连商品交易所和上海期货交易所。

71. CD 【解析】当期价高估时,可以进行正向套利。当期价低估时,可以进行反向套利。

72. AD 【解析】进行股指期货卖出套期保值的情形主要:投资者持有股票组合,担心股市大盘下跌而影响股票组合的收益。

73. AD 【解析】利率期货卖出套期保值者在期货市场上卖出利率期货合约,目的是对冲市场利率上升为其带来的风险;利率期货买入套期保值者在期货市场买入利率期货合约,目的是对冲市场利率下降为其带来的风险。

74. BCD 【解析】本期供给量由期初存量、本期产量和本期进口量构成。

75. BCD 【解析】3月份的大豆期货合约:盈利=3 880−3 850=30(元/吨);5月份的大豆期货合约:亏损=3 910−3 895=15(元/吨);套利结果:盈利=−15+30=15(元/吨)。

76. AB 【解析】卖出大豆期货合约可以进行套期保值,所以选项A正确。为保护标的物多头可买进看跌期权,所以选项B也正确。

77. ABC 【解析】比较典型的持续形态有三角形态、矩形形态、旗形形态和楔形形态等。

78. ABCD 【解析】一般而言,影响外汇期权价格的因素包

括:①期权的执行价格与市场即期汇率。②到期期限(距到期日之间的天数)。③预期汇率波动率大小。④国内外利率水平。

79. ABCD 【解析】股东大会就公司的重大事项如修改公司章程、决定公司的经营方针和投资计划、审议批准公司的年度财务预算方案、决算方案、增加或者减少注册资本等做出决议。

80. BD 【解析】期货交易与远期交易有许多相似之处,其中最突出的一点是两者均为买卖双方约定于未来某一特定时间以约定价格买入或卖出一定数量的商品。

81. BD 【解析】止损指令是实现"限制损失、累积盈利"的有力工具。

82. BD 【解析】反向大豆提油套利是大豆加工商在市场价格反常时采用的套利。当大豆价格受某些因素的影响出现大幅上涨时,大豆可能与其制成品出现价格倒挂,大豆加工商将会采取反向大豆提油套利的做法:卖出大豆期货合约,买进豆油和豆粕期货合约,同时缩减生产,减少豆粕和豆油的供给量,三者之间的价格将会趋于正常,大豆加工商在期货市场中的盈利将有助于弥补现货市场中的亏损。

83. CD 【解析】利率期货买入套期保值用的主要情形:①计划买入债券,担心利率下降,导致债券价格上升。②按固定利率计息的借款人,担心利率下降,导致资金成本相对增加。③资金的贷方,担心利率下降,导致贷款利率和收益下降。

84. ABC 【解析】升贴水的高低,与点价所选取的期货合约月份的远近、期货交割地与现货交割地之间的运费以及期货交割商品品质与现货交割商品品质的差异有关。

85. ABC 【解析】根据起息日不同,外汇掉期交易的形式包括即期对远期的掉期交易、远期对远期的掉期交易和隔夜掉期交易。

86. BC 【解析】当预测期货价格将下跌时,买入看跌期权或卖出看涨期权才会盈利。

87. ABCD 【解析】A、B、C、D 均为国际期货市场的发展特点。此外,还有一个特点是交易所竞争加剧,服务质量不断提高。

88. AB 【解析】期货交易者根据进入期货市场的目的不同,可分为套期保值者和投机者。

89. AB 【解析】美式期权买方既可以在期权合约到期日行使权利,也可以在期权到期日之前的任何一个交易日行使权利。

90. ABD 【解析】我国期货交易所对商品期货交易保证金比率的规定呈现如下特点:①对期货合约上市运行的不同阶段规定不同的交易保证金比率。②随着合约持仓量的增大,交易所将逐步提高该合约交易保证金比例。③当某期货合约出现连续涨跌停板时,交易保证金比例相应提高。④当某品种某月份合约按结算价计算的价格变化,连续若干个交易日的累积涨跌幅达到一定程度时,交易所有权根据市场情况,对部分或全部会员单边或双边实施同比例或不同比例提高交易保证金、限制部分或全部会员划出资金、暂停部分或全部会员增开新仓、调整……采取限制平仓或强制平仓等一种或多种措施,以……某期货合约交易出现异常情况时,交易所可按规……易保证金的比例。

91. BC 【解析】看跌期权买方的最大损失为……一旦标的物价格下跌,便可执行期权,以执行价格……从而对冲了标的资产价格下跌可能存在的潜在损……

92. ABCD 【解析】为了对期货市场实施有……期货交易所制定了相关制度与规则包括:保证金制……债结算制度、涨跌停板制度、持仓限额及大户报告制……制度、信息披露制度等基本制度。

93. AB 【解析】当市场出现供给不足、需求旺……导致较近月份的合约价格上涨幅度大于较远月份的……者较近月份的合约价格下跌幅度小于较远月份的……论是正向市场还是反向市场,在这种情况下,买入较……约同时卖出较远月份的合约进行套利,盈利的可能……们称这种套利为牛市套利。

94. ABD 【解析】农场主担心未来农产品价格……在期货市场上采取卖出套期保值。

95. ABCD 【解析】投机者建仓后应密切关注行……适时平仓。行情变动有利时,通过平仓获取投机利……不利时,通过平仓可以限制损失。止损指令是实现……累积盈利"的有力工具。只要止损单运用得当,就可……提供必要的保护。

96. ABC 【解析】在国际上,交易所会员往往有……与法人会员之分、全权会员与专业会员之分、结算会……会员之分等。

97. BD 【解析】商品期货交易有实物交割与对……履约方式,其中绝大多数期货合约都是通过对冲平仓……结的。

98. BC 【解析】期货价差套利的交易者要同时在……上进行方向相反的交易,即同时建立一个多头头寸和一……寸,这是套利交易的基本原则;与投机交易不同,在价……交易者不关注某一期货合约的价格向哪个方向变动,而……关期货合约之间的价差是否在合理的区间范围内。

99. ABCD 【解析】本题考查期货结算机构的职能……D 均正确。

100. ABCD 【解析】跨品种套利又可分为两种情况……商品之间的套利。②原材料与成品之间的套利。选项 A……原材料与成品之间的套利,选项 B 为相关商品之间的套……

三、判断题

101. A 【解析】伦敦金属交易所自创建以来一直交……至今其价格依然是国际有色金属市场的晴雨表。

铝锭的实际成本 = 17 500 + 1 800 = 19 300

解析】11 月份的黄金期货合约亏损 = 962 − 953 = 9
月份的黄金期货合约盈利 = 951 − 947 = 4(美元/
果: −9 + 4 = −5(美元/盎司)。

及衍生品基础》真题试卷(三)

参考答案及解析

择题

析】3 个月的欧洲美元期货属于短期利率期货

析】大连商品交易所成立于 1993 年 2 月 28 日,上品种有玉米、黄大豆、豆粕、豆油、棕榈油、线型低密)PE)、聚氯乙烯(PVC)、焦炭期货等。

析】榨油厂有大量豆油库存,担心豆油价格下跌可出套期保值。选项 A、D 与豆油没有直接关系,选入套期保值。

解析】在其他因素不变的条件下,标的资产价格的波权的价格也应该越高。

解析】止损单中的价格一般不能太接近于当时的市价格稍有波动就不得不平仓;但也不能离市场价格遭受不必要的损失。本题中,应当在 7 870 美元/吨指令时,还可以获利,其他都不合理。

解析】发票价格 = 国债期货交割结算价 × 转换因子 +

解析】看跌期权是指期权的买方向卖方支付一定数后,即拥有在期权合约的有效期内,按执行价格向期一定数量标的物的权利,但不负有必须卖出的义务。

解析】本题考查蝶式套利。白糖期货合约 1 手 = 10 卖出价格为6370 元/吨、买入价格为 6 350 元/吨,则盈,500 手则盈利 = 20 × 10 × 500 = 100 000(元);5 月份 6 360 元/吨、卖出价格为 6 320 元/吨,则亏损 40 元/手则亏损 = 40 × 10 × 1 000 = 400 000(元);7 月份卖出 50 元/吨、买入价格为 6 300 元/吨,则盈利 50 元/吨,利 = 50 × 10 × 500 = 250 000(元);综上所述,该交易者 000 − 100 000 − 250 000 = 50 000(元)。

【解析】郑州商品交易所成立于 1990 年 10 月 12 日,实;1993 年 5 月 28 日正式推出标准化期货合约。

【解析】当期货价格过高而现货价格过低时,交易者场上卖出期货合约,在现货市场上买进商品,这样,现货,现货价格上升,期货合约供给增多,期货价格下降,期小。

【解析】如果双方不进行期转现交易,到期交割,则卖方以 28 100 元/吨的价格卖出铜,需要花费 400 元/吨的交割成本,则铜价相当于 28 100 − 400 = 27 700(元/吨)。进行期转现交易,卖方以 27 850 元/吨平仓,在现货市场上以 27 650 元/吨卖出铜,不需要支付交割成本,则铜价相当于 27 650 + (28 100 − 27 850) = 27 900(元/吨)。则通过期转现,卖方可以多卖:27 900 − 27 700 = 200(元/吨)。

12. B 【解析】期货交易可以双向交易,螺纹钢期货合约 1 手 = 10 吨,因此交易结果:(4 800 − 4 752) × 10 × 10 = 4 800(元)。

13. A 【解析】年利息率为 8%,半年利息率为 4%,则半年利息为 100 000 × 4% = 4 000(美元)。

14. A 【解析】即期市场上:3 月 1 日,购买 50 万欧元,付出 = 1.343 2 × 50 = 67.16(万美元);6 月 1 日,卖出 50 万欧元,得到 = 1.212 0 × 50 = 60.6(万美元),共计损失 6.56 万美元。期货市场上:卖出价格比买入价格高(1.345 0 − 1.210 1) = 0.134 9,即 1 349点,每点的合约价值为 12.5 美元,4 手合约共获利 = 12.5 × 4 × 1 349 = 6.745(万美元),综合来说,该投资者盈利 0.185 万美元,即 1 850 美元。

15. A 【解析】金字塔式增仓应遵循两个原则:①只有在现有持仓已经盈利的情况下,才能增仓。②持仓的增加应渐次递减。

16. B 【解析】一般来说,执行价格与标的物市场价格的差额越大,则时间价值就越小;反之,相对差额越小,则时间价值就越大。

17. C 【解析】大连商品交易所对黄大豆 1 号、黄大豆 2 号、豆粕、豆油、玉米合约采用滚动交割和集中交割相结合的方式,对棕榈油、线型低密度聚乙烯和聚氯乙烯合约采用集中交割方式。

18. B 【解析】1972 年 5 月,芝加哥商业交易所(CME)设立了国际货币市场分部(IMM),首次推出包括英镑、加拿大元、西德马克、法国法郎、日元和瑞士法郎等在内的外汇期货合约。

19. D 【解析】期货交易所具有以下五个重要职能:①提供交易场所、设施和服务。②设计合约、安排合约上市。③制定并实施期货市场制度与交易规则。④组织并监督期货交易,监控市场风险。⑤发布市场信息。

20. B 【解析】买入套期保值的操作主要适用的情形:①预计未来要购买某种商品或资产,购买价格尚未确定时,担心市场价格上涨,使其购入成本提高。②目前尚未持有某种商品或资产,但已按固定价格将该商品或资产卖出(此时处于现货空头头寸),担心市场价格上涨,影响其销售收益或者采购成本。

21. C 【解析】期权费又称为权利金、期权价格或保险费,指期权买方为获取期权合约所赋予的权利而向期权卖方支付的费用。

22. C 【解析】期货市场是市场经济发展到一定历史阶段的

产物,是市场体系中的高级形式。

23. A 【解析】一般而言,预期利率将上升,一个美国投资者很可能会卖出美国中长期国债期货合约。

24. A 【解析】1992 年 9 月,我国第一家期货经纪公司——广东万通期货经纪公司成立。

25. B 【解析】对于同一种商品来说,在现货市场和期货市场同时存在的情况下,在同一时空内会受到相同的经济因素的影响和制约,因而一般情况下两个市场的价格变动趋势相同,并且随着期货合约临近交割,现货价格与期货价格趋于一致。

26. D 【解析】虚值看涨期权的执行价格高于其标的资产价格,看跌期权的执行价格低于其标的资产价格。故选项 D 正确。

27. B 【解析】在期货交易中(除实物交割外)并不涉及具体的实物商品买卖,因此适合期货交易的品种是有限的。故选项 B 正确。

28. A 【解析】目前,货币政策是世界各国普遍采用的经济政策,其核心是对货币供应量的管理。

29. D 【解析】金字塔式建仓是指如果建仓后市场行情与预料相同并已经使投机者获利,可以增加持仓。增仓应遵循以下两个原则:①只有在现有持仓已经盈利的情况下,才能增仓。②持仓的增加应渐次递减。

30. B 【解析】担心利率下降,应买入套期保值。买入手数 = 1 000/100 = 10(手)。

31. C 【解析】当基差变大时,称为"走强"(Stronger)。选项 C 基差变小了,属于基差走弱的情形。

32. B 【解析】9 月份该股指期货合约的理论价格 = 3 500 × [1 + (5% − 2%) × 1 ÷ 12] = 3 508.75(点),12 月份该股指期货合约的理论价格 = 3 500 × [1 + (5% − 2%) × 4 ÷ 12] = 3 535(点)。因此 9 月份和 12 月份沪深 300 股指期货合约的理论价差 = 3 535 − 3 508.75 = 26.25(点)。

33. B 【解析】时间价值 = 权利金 − 内涵价值,看跌期权内涵价值 = 执行价格 − 标的资产价格,内涵价值 = 1 600.50 − 1 580.50 = 20(美元/盎司),时间价值 = 30 − 20 = 10(美元/盎司)。

34. B 【解析】铜期货合约 5 吨/手。该投资者盈亏 = (− 10 × 5 × 35 820 + 20 × 5 × 36 180 − 10 × 5 × 36 280) + (10 × 5 × 35 860 − 20 × 5 × 36 200 + 10 × 5 × 36 250) = 13 000 − 14 500 = − 1 500(元)。

35. D 【解析】超过了规定的持仓限额,且并未在期货交易所(期货公司)规定的期限自行减仓,其超出持仓限额的部分头寸将会被强行平仓。强行平仓成为持仓限额制度的有力补充。

36. B 【解析】影响利率期货价格的经济因素包括经济周期、通货膨胀率、经济状况。

37. C 【解析】国内期货交易所均采用计算机撮合成交方式。计算机交易系统一般将买卖申报单以价格优先、时间优先的原则进行排序。

38. C 【解析】看涨期权的买方向卖方支付一
金后,即拥有在期权合约的有效期内或特定时间
入一定数量的标的物的权利。

39. C 【解析】考查相关商品间套利的知识。
原材料与成品之间的套利,选项 D 是跨市套利,故

40. C 【解析】糖厂作为白糖的生产者,担心
则在建仓时应卖出白糖期货合约,平仓时再买进
则该糖厂白糖的实际卖出价格 = 5 720 − 5 700 +
(元/吨)。

41. A 【解析】股指期货可用于套期保值,以
的系统性风险。

42. D 【解析】

3 月 2 日	买入 10 手 5 月份 A 期货合约,价格为 12 500 元/吨	卖出 10 手 7 月份 A 期货合约,价格为 12 900 元/吨
3 月 19 日	卖出 10 手 5 月份 A 期货合约,价格为 12 350 元/吨	买入 10 手 7 月份 A 期货合约,价格为 12 550 元/吨
盈亏状况	亏损 150 元/吨	盈利 350 元/吨
最终结果	盈利 200 元/吨,总盈利 = 200 × 10 × (元)	

43. C 【解析】公司制期货交易所一般下设股东
会、监事会、总经理等。

44. A 【解析】反向大豆提油套利的做法:卖出
约,买入豆油和豆粕期货合约,同时缩减生产,减少豆
供给量,三者之间的价格将会趋于正常,大豆加工商
中的盈利将有助于弥补现货市场中的亏损。

45. B 【解析】期权是单向合约,期权的买方在
后即获得了选择权,可以选择执行期权,也可以放弃执
承担义务。

46. B 【解析】利率期货卖出套期保值其适用的
有:①持有债券,担心利率上升,其债券价格下跌或者收
下降。②利用债券融资的筹资人,担心利率上升,导致
上升。③资金的借方,担心利率上升,导致借入成本增加

47. C 【解析】保证金比例通常为期货合约价值的5%

48. C 【解析】考虑交易成本,当实际期指高于无
的上界,或实际期指低于无套利区间的下界时,存在套

49. D 【解析】目前,我国各期货交易所普遍采用
令。此外,郑州商品交易所还采用了市价指令、跨期套

解析】CME 的 3 个月欧洲美元期货属于国际市场
期利率期货。

解析】保证金不足的应该先通知客户追加保证金
行平仓。

解析】期货价格和现货价格之间的价差主要反映
实中,价差并不绝对等同于持仓费。

解析】预期未来利率水平上升时,利率期货价格将
卖出对应的利率期货合约,待价格下跌后平仓

解析】题干表述正确。

解析】止损指令是实现"限制损失、累积盈利"的有

解析】期货交易采用双向交易方式。交易者既可
或称开仓),即通过买入期货合约开始交易,也可以
通过卖出期货合约开始交易。前者也称为"买空",
卖空"。

【解析】期货市场是提供分散、转移价格风险的工
定国民经济。

【解析】期货套期保值者承担基差变动风险;投机者
各变动带来的风险。

【解析】在正向市场上进行牛市套利,实质上是卖出
套利获利的条件是价差要缩小。而正向市场上的牛
扩大受限,价差缩小的幅度则不受限制。

【解析】持仓费高低与距期货合约到期时间长短有
时间越近,持仓费越低。理论上,当期货合约到期时,
小到 0,基差也将变为 0。

【解析】在其他因素不变的情况下,期权有效期越
涨期权和看跌期权的价值都会增加。这是因为对于美
,有效期长的期权不仅包含了有效期短的期权的所有
而且有效期越长,标的资产价格向买方所期望的方向
能性就越大,买方行使期权的机会也就越多,获利的机
多。

A 【解析】期货公司应当设首席风险官,对期货公司经
为的合法合规性、风险管理进行监督、检查。

【解析】题干表述正确。

【解析】当期货价格高于现货价格或者远期期货合
于近期期货合约价格时,这种市场状态称为正向市场,
为负值。

B 【解析】股东大会由全体股东共同组成,是公司制期
的最高权力机构。

B 【解析】随着恐慌性大量卖出之后,往往是多头的

118. A 【解析】美式期权是指期权买方在期权到期日前(含到期日)的任何交易日都可以行使权利的期权。

119. B 【解析】每一根 K 线标示了某一交易时间段中的开盘价、收盘价、最高价和最低价。

120. A 【解析】题干表述正确。

四、综合题

121. A 【解析】在期货市场上该厂以 53 300 元/吨的价格买入期货合约,以 56 050 元/吨的价格卖出期货合约平仓,总共 500 吨,则在期货市场上盈利 = (56 050 − 53 300) × 500 = 1 375 000(元)。

122. B 【解析】这是个买入套期保值,棉花 5 吨/手,所以当日盈亏 = (10 210 − 10 250) × 10 × 5 = −2 000(元)。

123. C 【解析】投资者以 3 485 元/吨卖出,以 3 400 元/吨买入平仓,同时手续费按单边计算 10 元/手,那么该交易者盈利:(3 485 − 3 400) × 100 × 10 − 100 × 10 = 84 000(元)。

124. D 【解析】7 月合约盈利 = 317.5 − 316.05 = 1.45,8 月合约亏损 = 316.05 − 315.00 = 1.05,所以盈利 = (1.45 − 1.05) × 1 000 × 10 = 4 000(元)。

125. D 【解析】该看跌期权权利金为 200 美元/吨,买进看跌期权损益平衡点 = 执行价格 − 权利金 = 4 000 − 200 = 3 800(美元/吨)。

126. C 【解析】在 13 周国债中,年贴现率为 100% − 95.28% = 4.72%,3 个月的贴现率为 4.72%/4 = 1.18%,国债的实际收益率为 1.18%/(1 − 1.18%) = 1.19%;3 个月欧洲美元期货的实际收益率为(100% − 95.28%)/4 = 1.18%。

127. A 【解析】期转现后,多头平仓盈利 = 10 450 − 10 210 = 240(元/吨),所以实际交易价格 = 10 400 − 240 = 10 160(元/吨);空头平仓盈利 = 10 630 − 10 450 = 180(元/吨),所以实际交易价格为 10 400 + 180 = 10 580(元/吨)。

128. C 【解析】看跌期权内涵价值 = $\mathrm{Max}(K-S,0)=\mathrm{Max}(1\,110-1\,105,0)=5$;时间价值 = 权利金 − 内涵价值 = 50 − 5 = 45。

129. B 【解析】大豆期货合约每手 10 吨。期货合约买卖必须是整数倍,则要购进 191 吨大豆,期货合约需要取 19 手。

130. A 【解析】理论价格 = $S(t)\times[1+(r-d)\times(T-t)/365]=3\,000\times[1+(5\%-1\%)\times90/365]=3\,029.59$(点)。

131. A 【解析】该投资者权利金收益 = 30 + 10 = 40(元/吨);履约收益:看涨期权出现价格上涨时,才会被行权,现价格从 1 200 到 1 120,期权买方不会行权;第二个看跌期权,价格下跌时才会被行权,因此期权买方同样不会行权。综上,该投资者获得的全部收益为权利金收益 40 元/吨。

132. C 【解析】题干所述情形为反向市场的熊市套利,属于卖出套利的情形,则只有在两个合约价差缩小时才能够盈利。原来价差为 190 美分/蒲式耳,要保证盈利,平仓时价差要小于 190 美分/蒲式耳。

133. C 【解析】当日持仓盈亏 = Σ[(卖出成交价 − 当日结

算价）×卖出手数×合约乘数］+Σ［（当日结算价 - 买入成交价）×买入手数×合约乘数］=（2 850 - 2 870）×300×10 +（2 840 - 2 800）×300×10 = 60 000（元）。

134. A 【解析】考查时间价值的计算。时间价值 = 权利金 - 内涵价值。看涨期权的内涵价值 = Max（$S-K$,0），看跌期权的内涵价值 = Max（$K-S$,0）。选项 A，时间价值 = 1.00 -（64.50 - 63.95）= 0.45（港元）；选项 B，时间价值 = 6.48 -（67.50 - 63.95）= 2.93（港元）；选项 C，内涵价值 = 0（63.95 - 67.5 < 0），时间价值 = 0.81（港元）；选项 D，时间价值 = 4.53 -（63.95 - 60）= 0.58（港元）。

135. D 【解析】该投机者以 98 - 175 买入，以 97 - 020 卖出。从 98 - 175 到 97 - 020，下跌了 1 - 155，则亏损 = 1 000×1 + 31.25×15.5 = 1 484.38（美元）。

136. D 【解析】本题中，建仓时价差 = 8 月份铜期货合约价格 - 10 月份铜期货合约价格 = 65 000 - 63 000 = 2 000（元/吨），价差缩小时盈利，因此，价差小于 2 000 元/吨时，投资者获利，所以选项 A、B、C 都不符合要求。

137. B 【解析】大豆期货合约每手 10 吨。投机者在卖出前合约数为 15 手，买入价 = 2 015×50 + 2 025×40 + 2 030×30 + 2 040×20 + 2 050×10 = 303 950（元），在 2 035 元/吨价格卖出全部期货合约时，该投机者获利 = 2 035×15×10 - 303 950 = 1 300（元）。

138. A 【解析】本题为卖出套期保值，期货市场的盈利 = 8 850 - 7 950 = 900（元/吨）；平仓价 = 8 950 - 900 = 8 050（元/吨）。

139. B 【解析】玉米期货合约的价格为 478′2 = 478 + 2×1/4 = 478.5（美分）（注意：玉米期货的最小变动价位为 1/4 美分/蒲式耳）。看涨期权的权利金为 42′7 = 42 + 7×1/8 = 42.875（美分）（注意：玉米期权的最小变动价位为 1/8 美分/蒲式耳）。则该看涨期权的内涵价值为 478.5 - 450 = 28.5（美分/蒲式耳），时间价值 = 42.875 - 28.5 = 14.375（美分/蒲式耳）。

140. D 【解析】基差 = 现货价格 - 期货价格，建仓基差 = 67 000 - 67 500 = -500（元/吨），平仓基差 = 64 700 - 65 000 = -300（元/吨），基差走强 200 元/吨。期货市场盈利 = 67 500 - 65 000 = 2 500（元/吨），至 6 月中旬，该进口商与某电缆厂协商以 9 月份铜期货合约为基准价，以低于期货价格 300 元/吨的价格交易铜，则现货市场价格 = 65 000 - 300 = 64 700（元/吨），所以铜的实际售价 = 64 700 + 2 500 = 67 200（元/吨）。

《期货及衍生品基础》真题试卷（四）参考答案及解析

一、单项选择题

1. D 【解析】期货合约的标准化是除价格外，期货合约的所有条款都是预先规定好的，具有标准化特点。

2. B 【解析】价差是建仓时高的减低的，平仓时的价差用建仓时价格高的合约减去价格低的合约，因为只有计……能恰当地比较价差的变化。因此平仓时价差 = 1……-50（元/吨）。

3. C 【解析】该交易者以 13 660 元/吨买入……吨卖出，手续费单边 15 元/手。该交易者的盈……13 660）×5×100 - 15×100 = 48 500（元）。

4. C 【解析】在期货期权交易中，期权买方有……限内，按事先确定的价格买入或卖出一定数量某种……融指标的权利。

5. D 【解析】较为规范化的期货市场在 19 世……美国芝加哥。

6. B 【解析】本题考查基差交易。假设下一……期货的价格为 X 元/吨，该油脂企业需要以 X 价格……平仓，其在期货市场上的盈亏 = 3 215 - X；该油脂……20）元/吨的价格在现货市场上卖出豆粕；综上，油脂……以（X + 20）+（3 215 - X）= 3 235（元/吨）的价格卖……

7. B 【解析】金融期货出现的顺序是：外汇期货……股票指数期货→股票期货。

8. B 【解析】某钢材贸易商签订供货合同，约定……按固定价格出售钢材，但手头尚未有钢材现货，此时……于现货的空头。

9. D 【解析】建仓时价差等于高价 - 低价，平仓……算公式套用建仓时的公式。建仓时价差 = 19 830 - ……（元/吨）；平仓时，假设 5 月份铝期货合约价格为 X……19 780；价差缩小，则 X - 19 780 < 160，则 X < 19 940……

10. C 【解析】期货交易的对象是标准化期货合……

11. A 【解析】平均买入价 =（38 650×5 + 38……38 700×2）/10 = 38 666（元/吨）。

12. B 【解析】相对技术分析而言，基本面分析……货市场价格变动的根本原因，它通过分析一些能实质……市场价格的因素来判断期货市场的走势。

13. C 【解析】看跌期权空头的损益平衡点为：执……权利金。

14. D 【解析】基差 = 现货价格 - 期货价格，3 月 5……20 400 - 21 300 = -900（元/吨）；6 月 5 日基差 = 20 200 ……1 000（元/吨）；基差从 -900 元/吨变为 1 000 元/吨，基……

15. D 【解析】上海期货交易所上市交易的主要品……铝、锌、铅、螺纹钢、线材、热轧卷板、天然橡胶、黄金、白……油、石油沥青、锡、镍期货等。

16. B 【解析】商定平仓价和交货价的差额要小于……用总和（一般指交割成本），这样期转现对双方都有利。……协议平仓价与交收价的差额分别为 160、120、160 和 200，……项 B 的差额小于 140，因此选 B。

解析】不考虑交易成本,6 月 30 日的期货理论价
00×(5%－1%)×3×(1/12)＝1 515(点),交
考虑交易成本时,无套利区间为[1 515－15,
500,1 530];当实际的期指高于上界时,正向套
,只有当实际的期指低于下界时,反向套利才能

【解析】套期保值交易选取的工具是比较广的,
、远期、互换等衍生工具。

解析】买入套期保值的操作主要适用的情形:
买某种商品或资产,购买价格尚未确定时,担心
使其购入成本提高。②目前尚未持有某种商品或
定价格将该商品或资产卖出(此时处于现货空头
价格上涨,影响其销售收益或者采购成本。

解析】看涨期权的买方享有选择购买标的资产的
期权也称为买权、认购期权。具体而言,看涨期权
向卖方支付一定的期权费后,便拥有了在合约有
时间,按执行价格向期权卖方买入一定数量标的物
有必须买进的义务。

【解析】跨品种套利可分为两种情况,一是相关商
是原材料与成品间的套利。由于受市场、季节、政
响,这些有关联的商品之间的比值关系又经常偏离
现出一种商品被高估,另一种商品被低估,或相
品种套利带来了可能。在此情况下,交易者可以通
出被高估的商品合约,买入被低估的商品合约进行
时机出现后分别平仓,从中获利。

【解析】只有当新的买入者和卖出者同时入市时,持
买卖双方有一方做平仓交易时(即换手),持仓量不
方均为原交易者,双方均为平仓时,持仓量减少。

【解析】标准仓单经交易所注册后生效。

【解析】卖出看涨期权适用的市场环境:标的资产市
横盘,市场波动率低或收窄,或隐含价格波动率高。

【解析】实值欧式期权的时间价值可能小于0。

CD 【解析】期货交易所通常具有以下五个重要职
易的场所、设施和服务。②设计合约、安排合约上
并实施期货市场制度与交易规则。④组织并监督期
控市场风险。⑤发布市场信息。

【解析】沪深 300 股指期货合约的合约乘数为每点
元。股指期货点数上升,所以亏损＝(3 320－3 310)×
(元/手),亏损金额＝3 000×5＝15 000(元)。

CD 【解析】买卖双方进行期转现的两种情况:①在期
向持仓双方,拟用标准仓单或标准仓单以外的货物进
②买卖双方为现货市场的贸易伙伴,有远期交货意
远期交货价格稳定。

87. AD 【解析】最优套期保值比率是能够最有效、最大限度地消除被保值对象价格变动风险的套期保值比率。最优套期保值比率是股指期货最小方差套期保值比率的一个近似值。故选项 A、D 正确。

88. BCD 【解析】我国 10 年期国债期货合约标的为面值为 100 万元人民币、票面利率为3%的名义长期国债,可交割国债为合约到期日首日剩余期限为 6.5～10.25 年的记账式付息国债。采用百元净价报价和交易,合约到期进行实物交割。

89. AB 【解析】大连商品交易所上市交易的主要品种有玉米、黄大豆、豆粕、豆油、棕榈油、线型低密度聚乙烯(LLDPE)、聚氯乙烯(PVC)、聚丙烯、焦炭、焦煤、铁矿石、鸡蛋、胶合板、玉米淀粉期货等。选项 C、D 在郑州商品交易所上市交易。

90. AC 【解析】买入套期保值又称多头套期保值。买入套期保值的操作主要适用的情形:①预计未来要购买某种商品或资产,购买价格尚未确定时,担心市场价格上涨,使其购入成本提高。②目前尚未持有某种商品或资产,但已按固定价格将该商品或资产卖出(此时处于现货空头头寸),担心市场价格上涨,影响其销售收益或者采购成本。

91. AD 【解析】选项 B,期货交易有实物交割与对冲平仓两种履约方式,其中绝大多数期货合约都是通过对冲平仓的方式了结的;选项 C 远期合约缺乏流动性。

92. ABCD 【解析】期货交易所致力于创造安全、有序、高效的市场机制,以营造公开、公平、公正和诚信透明的市场环境与维护投资者的合法权益为基本宗旨。

93. AC 【解析】在正向市场上,收获季节时基差扩大,收获季节过去后,基差开始缩小。

94. AD 【解析】当市场是熊市时,较近月份的合约价格下降幅度往往要大于较远期合约价格的下降幅度。如果是正向市场,远期合约价格与较近月份合约价格之间的价差往往会扩大;如果是反向市场,则近期合约与远期合约的价差会缩小。而无论是在正向市场还是在反向市场,在这种情况下,卖出较近月份的合约同时买入远期月份的合约进行套利盈利的可能性比较大,我们称这种套利为熊市套利。

95. ABCD 【解析】比较典型的反转形态有头肩形形态、双重顶(M 头)形态、双重底(W 底)形态、三重顶形态、三重底形态、圆弧顶形态、圆弧底形态、V 形形态等。

96. AD 【解析】当相关期货合约的市场价格大于执行价格和权利金之和时,执行看涨期权才会盈利。

97. AD 【解析】美国商品期货交易委员会(CFTC)每周五公布截至本周二的上一周的持仓结构报告,主要分为非商业持仓、商业持仓和非报告持仓三部分。

98. ABD 【解析】如果价差远远低于持仓费,套利者卖出现货,同时买入相关期货合约。

99. ABCD 【解析】本题考查价差扩大与缩小,四个选项的表述都正确。

100. ABC 【解析】外汇衍生品通常是指从外汇等基础资产派生出来的交易工具,其种类包括外汇远期、外汇期货、外汇掉期与货币互换、外汇期权及其他外汇衍生品。外汇远期包括无本金交割外汇远期。选项D属于利率期货。

三、判断题

101. A 【解析】在判断是否存在期现套利机会时,依据现货指数来确定股指期货理论价格非常关键,只有当实际的股指期货价格高于或低于理论价格时,套利机会才有可能出现。

102. B 【解析】芝加哥期货交易所上市的国民抵押协会债券(GNMA)期货合约是世界上第一个利率期货合约。

103. A 【解析】题干表述正确。

104. B 【解析】展期,即用远月合约调换近月合约,将持仓向后移。

105. B 【解析】通常,交易保证金比率随着交割期的临近而提高。

106. A 【解析】一般的,影响某种商品需求的因素主要包括商品自身的价格、替代品和互补品的价格、消费者对商品价格的预期、消费者的收入水平、消费者的偏好、政府的消费政策等。

107. A 【解析】我国境内期货交易所规定,当会员(客户)出现下列情形之一时,交易所有权对其持仓进行强行平仓:①会员结算准备金余额小于0,并未能在规定时限内补足的。②客户、从事自营业务的交易会员的持仓量超出其限仓规定。③因违规受到交易所强行平仓处罚的。④根据交易所的紧急措施应予强行平仓的。⑤其他应予强行平仓的。

108. A 【解析】股指期货的远期合约价格大于近期合约价格时,称为正常市场或正向市场。

109. B 【解析】当市场出现供给不足、需求旺盛的情形,导致较近月份的合约价格上涨幅度大于较远期的上涨幅度,或者近月份的合约下降幅度小于较远期的下跌幅度,在这种情况下,买入较近月份的合约同时卖出远期月份合约进行套利,盈利的可能性比较大,称为牛市套利。当市场出现供给过剩,需求相对不足时,一般来说,较近月份的合约价格下降幅度往往要大于较远期合约价格的下降幅度,或者较近月份的合约价格上升幅度小于较远期合约价格的上升幅度。无论是在正向市场还是在反向市场,在这种情况下,卖出较近月份的合约同时买入远期月份的合约进行套利,盈利的可能性比较大,我们称这种套利为熊市套利。此时投资者预期棉花期货远月合约上涨幅度要大于近月合约上涨幅度,所以该投资者应进行熊市套利。

110. B 【解析】外汇期货是交易双方以约定的币种、金额及汇率,在未来某一约定时间交割的标准化合约。它以汇率为标的物。

111. A 【解析】题干表述正确。

112. A 【解析】交易手续费是期货交易所

的一定比例或按成交合约手数收取的费用。

113. A 【解析】商品期货合约交割月份的

约标的商品的生产、使用、储藏、流通等方面的特

114. A 【解析】题干表述正确。

115. B 【解析】在正向市场上,基差为负值

基差走弱,买入套期保值基差走弱存在不完全套

市场盈亏相抵后存在净盈利。故题干表述错误。

116. B 【解析】在正向市场牛市套利中,只

易者就能盈利。

117. A 【解析】题干表述正确。

118. A 【解析】题干表述正确。

119. A 【解析】题干表述正确。

120. A 【解析】1990年10月12日,郑州粮食

国第一个商品期货市场开始起步。

四、综合题

121. D 【解析】期货市场盈利 = 21 500 − 20

吨),所以采购成本 = 21 200 − 900 = 20 300(元/吨

122. A 【解析】甲乙双方商定的平仓价格为4

收价格为4 000元/吨。甲在期货市场上赚了4 04

(元/吨),则甲方实际购入的价格为4 000 − 140 = 3

123. B 【解析】平仓盈亏 = Σ[(卖出成交

价)× 合约乘数 × 平仓手数] = (1 378.5 − 1 375.2

(1 378.5 − 1 382.4) × 250 × 1 = 1 500(美元)。

124. B 【解析】期货交易所实行每日无负债

天缴纳的保证金占用与成交价无关。棉花期货合

为5吨/手。保证金占用 = Σ(当日结算价 × 交易单

数 × 公司的保证金比例) = 10 210 × 5 × 10 × 5% = 2

125. C 【解析】该交易者平仓时需要买入5月

7月份合约,则5月份合约价格越低,7月份合约价

者盈利越大。选项A,投资者盈利 = (13 500 − 13 600)

13 300) = 400(元/吨)。选项B,投资者盈利 = 13 50

13 700 + 13 600 = 100(元/吨)。选项C,投资者盈利

13 300 − 13 200 + 13 500 = 500(元/吨)。选项D,投

13 500 − 13 300 − 13 800 + 13 200 = −400(元/吨)

选C。

126. D 【解析】资金占用150万元人民币,相

1 500 000 × 6% × 3/12 = 22 500(元)。一个月后收到

红利,剩下两个月后本利和 = 15 000 + 15 000 × 6%

15 150(元)。净持有成本 = 22 500 − 15 150 = 7 350(

远期合约的合理价格应为1 500 000 + 7 350 = 1 507 35

127. B 【解析】看涨期权的内涵价值 = Max($S-K$

该投资者平仓后盈亏 =（22 800 - 22 500）×
元）。

期货保证金存管银行是由交易所指定，协助交易
算业务的银行。

】生产经营者通过套期保值来规避风险，但套
风险，只是将其转移，转移出去的风险需要有
货投机者正是期货市场的风险承担者。

】1975 年，芝加哥期货交易所推出了第一张利
国民抵押协会债券期货合约。

析】1972 年 5 月，芝加哥商业交易所（CME）设立
分部（IMM），首次推出包括英镑、加元、西德马
元和瑞士法郎等在内的外汇期货合约。外汇期
。

析】道琼斯工业平均指数的英文缩写为 DJIA。

析】一般来说，距交割月份越近，交易者面临到期
越大，为了防止实物交割中可能出现的违约风
行实物交割的交易者尽快平仓了结，交易保证金
临近而提高。

析】金字塔增仓应遵循以下两个原则：①只有在现
的情况下，才能增仓。②持仓的增加应渐次递减。

解析】题干为正向市场上的牛市套利，因此价差缩
时，价差 = 2 180 - 2 090 = 90（元/吨）；A 选项价差
B 选项价差为 110 元/吨；C 选项价差为 60 元/吨；
-50 元/吨。D 选项价差缩小得最多，因此选 D。

解析】B 期权是执行价格高于标的物市场价格的看
实值期权。B 期权内涵价值 = 执行价格 - 标的资产
75 = 5（美分/蒲式耳），B 期权时间价值 = 权利金 -
-5 = 10（美分/蒲式耳）。

解析】看跌期权卖方损益与买方正好相反，买方的
方的亏损，买方的亏损即为卖方的盈利，看跌期权卖
的最高收益为卖出期权收取的权利金。

解析】沪深 300 股指期货的最小变动价位为 0.2
约交易报价的指数点必须为 0.2 点的整数倍。

解析】基本面分析主要包括宏观经济分析、供求分
素分析等相关内容，侧重于分析宏观性因素。

【解析】堪萨斯交易所 12 月份小麦期货合约每手获利 10
（1 250 - 1 240），芝加哥期货交易所 12 月份小麦期货合
5 美分/蒲式耳（1 255 - 1 260），净获利 5 美分/蒲式耳。
盈利 = 5 × 10 × 5 000 = 250 000（美分）= 2 500（美元）。

【解析】标的物市场价格的波动率越高，期权卖方的
随之增加，期权的价格也应该越高。

【解析】标的物市场价格处于横盘整理或下跌，对看
卖方有利，如果预期标的物市场价格窄幅整理或下跌，
可通过卖出看涨期权获利。

45. A 【解析】从题干可判断出该投资者进行的是熊市套利，在正向市场相当于买进套利，价差扩大盈利，所以成交的价差越小越好，这样价差扩大时才能盈利更多。应以小于或等于 3 的价格成交。

46. A 【解析】金字塔卖出方式的特点是，随着价格的降低，卖出的数量越来越少。

47. A 【解析】持仓费的高低与持有商品的时间长短有关。

48. B 【解析】连续竞价制是指在交易所交易池内由交易者面对面地公开喊价，表达各自买进或卖出合约的要求。

49. A 【解析】根据我国股指期货投资者适当性制度，自然人申请开户时保证金账户可用资金余额不低于人民币 50 万元。

50. C 【解析】为了维护期货交易的“公开、公平、公正”原则与期货市场的高效运行，对期货市场实施有效的风险管理，期货交易所制定了相关制度与规则。主要包括：保证金制度、当日无负债结算制度、涨跌停板制度、持仓限额及大户报告制度、强行平仓制度、风险警示制度、信息披露制度等基本制度。

51. A 【解析】期货合约是指由期货交易所统一制定的、规定在将来某一特定的时间和地点交割一定数量和质量标的物的标准化合约。

52. B 【解析】20 世纪 70 年代初发生的石油危机给世界石油市场带来巨大冲击，油价的剧烈波动直接导致了能源期货的产生。

53. C 【解析】蝶式套利的具体操作方法是：买入（或卖出）较近月份合约，同时卖出（或买入）居中月份合约，并买入（或卖出）较远月份合约。即同时下达 3 个指令。

54. B 【解析】会员制期货交易所会员的基本权利包括：参加会员大会，行使表决权、申诉权；在期货交易所内进行期货交易，使用交易所提供的交易设施、获得期货交易的信息和服务；按规定转让会员资格，联名提议召开临时会员大会等。设计期货合约是期货交易所的重要职能之一。

55. A 【解析】跨市套利也称市场间套利，是指在某个交易所买入（或卖出）某一交割月份的某种商品合约的同时，在另一个交易所卖出（或买入）同一交割月份的同种商品合约，以期在有利时机分别在两个交易所同时对冲所持有的合约而获利。选项 B 不是同一交割月份商品期货合约，选项 C 不是同一交割月份也不是同种商品的期货合约，且方向相同，选项 D 不是同一商品的期货合约。故选 A。

56. C 【解析】套利指令通常不需要标明买卖各个期货合约的具体价格，而是标注两个合约价差即可。

57. D 【解析】如果双方不进行期转现交易，到期交割，则卖方以 58 100 元/吨的价格卖出铜，需要花费 400 元/吨的交割成本，则铜价相当于 58 100 - 400 = 57 700（元/吨）。进行期转现交

易方以57 850元/吨平仓，以57 650元/吨在现货市场上卖出铜，不需要支付交割成本，则铜价相当于57 650 +（58 100 − 57 850）= 57 900（元/吨）。则通过期转现，卖方可以多卖：57 900 − 57 700 = 200（元/吨）。

58. B 【解析】其中选项B：净盈利 =（67 800 − 68 000）×2 +（69 500 − 69 300）×5 +（69 700 − 69 850）×3 = 150（元/吨），与题干相符。

59. B 【解析】在反向市场上，近期合约价格大于远期，根据题干，即买进较近月份合约的同时卖出较远月份合约，此为牛市套利，在价差扩大时方能够盈利。

60. C 【解析】当买入价大于、等于卖出价时则自动撮合成交，撮合成交价等于买入价（bp）、卖出价（sp）和前一成交价（cp）三者中居中的一个价格。当$bp \geqslant sp \geqslant cp$，则最新成交价 = sp。故选C。

二、多项选择题

61. AD 【解析】在正向市场中，对商品期货而言，一般来说，当市场行情上涨且远期合约价格相对偏高时，若远期合约价格上升，近期合约价格也会上升，以保持与远期合约间正常的持仓费用关系，且近期合约的价格上升可能更多；当市场行情下跌时，远期合约的跌幅不会小于近期合约，因为远期合约对近期合约的升水通常不可能大于与近期合约间相差的持仓费。

62. BC 【解析】中长期国债通常是附有息票的附息国债，附息国债的付息方式是在债券期满之前，按照票面利率每半年（或每年、每季度）付息一次，最后一笔利息在期满之日与本金一起偿付。故选项A错误。短期国债通常采用贴现方式发行，到期按照面值进行兑付。故选项D错误。

63. AD 【解析】对于跨市套利，一般来说，交易的品种在各交易所间的价格会有一个稳定的差额，一旦这个稳定差额发生偏离，交易者就可通过买入价格相对较低的合约，卖出价格相对较高的合约而在这两个市场间套利，以期两市场价差恢复正常时平仓，获取利润。

64. ABC 【解析】会员制期货交易所会员资格的多种获取方式：①以交易所创办发起人的身份加入。②接受发起人的资格转让加入。③接受期货交易所其他会员的资格转让加入。④依据期货交易所的规则加入。

65. ABCD 【解析】商品投资基金涉及商品基金经理、商品交易顾问、交易经理、期货佣金商和托管人等主体，部分风险的产生与这些主体的行为是有直接关联的。

66. AC 【解析】实际上，许多期货佣金商同时也是商品基金经理或交易经理。

67. ABCD 【解析】套利交易中模拟误差来自两个方面：①组成指数的成分股太多，短时期内买进或卖出太多股票有困难，并且准确模拟将使交易成本大大增加，对于一些成交不活跃的股票来说，买卖的冲击成本非常大。②股市买卖有最小单位的限制，很可能产生零碎股，也会引起模拟误差。

68. AC 【解析】阴线中，实体的上影线的[illegible]开盘价之间的价差。

69. BD 【解析】虚值看涨期权的执行价格[illegible]价格，看跌期权的执行价格低于其标的资产价格[illegible]

70. AD 【解析】选项A，持有期货空头头[illegible]货合约的看涨期权进行保护；选项B、C，持有现[illegible]多头头寸，可以卖出看涨期权规避价格风险；选[illegible]标的资产价格上涨可以买进看涨期权获取价差[illegible]

71. AC 【解析】买卖期货合约数 = 现货总价[illegible]约价值×β系数。其中股指期货合约价值 = 期[illegible]乘数。从公式中不难看出：当现货总价值和期货[illegible]下来后，所需买卖的期货合约数就与β系数的大[illegible]越大，所需的期货合约数就越多；反之，则越少。

72. AC 【解析】β系数显示股票的价值相对[illegible]化的相对大小。也称为股票的相对波动率。β系[illegible]股票比市场整体波动性高，因而其市场风险高于平[illegible]系数小于1，说明股票比市场整体波动性低，因而[illegible]于平均市场风险。股票组合的β系数比单个股票[illegible]性要高。

73. CD 【解析】期货的买卖方向与国债一致，[illegible]着未来会买入国债，根据题目要求找到所有能在3[illegible]债的选项。选项A买入国债期货，3个月后投资者[illegible]多的国债，与要求不符。选项B现在卖出6个月后[illegible]3个月后买入等量的期货平仓，这与现在持有的国[illegible]选项C、D符合题意。

74. AC 【解析】卖出看涨期权的最大收益是[illegible]执行价格大于标的资产价格，买方放弃行权，卖方可[illegible]

75. ABC 【解析】证券公司不得代理客户进行[illegible]算或交割，不得代期货公司、客户收付期货保证金，[illegible]资金账户为客户存取、划转期货保证金。

76. AB 【解析】期权价格又称为权利金、期权费[illegible]期权买方为获得按约定价格购买或出售标的资产的[illegible]给卖方的费用。权利金是买方可能遭受的最大损失[illegible]方的最大收益。

77. ABCD 【解析】期权多头可以通过对冲平仓[illegible]式将期权头寸了结，也可以持有期权至合约到期。

78. ABC 【解析】卖出看涨期权的目的：①获取[illegible]或权利金价差收益。②增加标的资产多头的利润。

79. BCD 【解析】菜籽油、棕榈油和豆油是替代关[illegible]

80. ABCD 【解析】期权的基本要素包括：期权的[illegible]资产、行权方向、行权方式、执行价格、期权到期日等。

81. ABCD 【解析】A、B、C、D四个选项均正确。

= 1450 × [1 + (6% − 1%) × 3/12] ≈ 1 468.13

析】8 月时,持仓费用为 60 元/吨,而期货价格比现吨。期货价格被高估或现货价格被低估,可卖出期套利(注意:卖出被高估的,买入被低估的)。

析】看涨期权,由于执行价格高于标的物市场价权,内涵价值为 0。看跌期权的内涵价值 = 450 − 蒲式耳)。

解析】选项 A,5 月盈利 = 23 450 − 23 300 = 150 利 = 23 500 − 23 400 = 100(元/吨);总盈利 = 250 5 月盈利 = 23 500 − 23 300 = 200(元/吨);7 月 600 = −100(元/吨);总盈利 = 100(元/吨)。= 23 500 − 23 300 = 200(元/吨);7 月盈利 = 100(元/吨);总盈利 = 300(元/吨)。选项 D,5 月利 = 23 500 − 23 600 = −100(元/吨);总亏损 =

解析】即期市场上:3 月 1 日,购买 50 万欧元,付 = 67.16(万美元);6 月 1 日,卖出 50 万欧元,得) = 60.6(万美元),共计损失 6.56 万美元。期货格比买入价格高,1.345 0 − 1.210 1 = 0.134 9,即合约价值为12.5美元,4 手合约共获利:12.5 × 4 × 万美元),综合来说,该投资者盈利 0.185 万美元,即1 850美元。

135. D 【解析】当日交易保证金 = 当日结算价 × 当日交易结束后的持仓总量 × 交易保证金比例。大连商品交易所大豆期货交易单位为 10 吨/手,因此该投资者当天须缴纳的保证金 = 2 230 × (80 × 10) × 5% = 89 200(元)。

136. C 【解析】小麦合约盈亏状况:7.45 − 7.60 = −0.15(美元/蒲式耳),即亏损 0.15 美元/蒲式耳;玉米合约盈亏状况:2.45 − 2.20 = 0.25(美元/蒲式耳),即盈利 0.25 美元/蒲式耳;总盈亏:(0.25 − 0.15) × 5 000 = 500(美元)。

137. C 【解析】投资者买入看涨期权的标的物大豆期货合约的实际成本为:2 000 + 20 = 2 020(港元/吨);投资者执行看涨期权后在期货市场上平仓收益为:(2 200 − 2 020) × 10 = 1 800(港元)。

138. B 【解析】该公司期货市场上的盈利为 60 元/吨,现货市场上的亏损为 40 元/吨,因此其净盈利为 20 元/吨,共实现盈利:20 × 500 = 10 000(元)。

139. A 【解析】平仓盈亏 = (2 020 − 2 030) × 5 × 10 = −500(元);持仓盈亏 = (2 020 − 2 040) × 15 × 10 = −3 000(元)。

140. B 【解析】计算如下:(0.007 030 − 0.006 835) × 2 × 12 500 000 = 4 875(美元)。在不计算手续费的情况下,该投机者该笔期货的投机交易获利 4 875 美元。

参考答案及解析(见软件)

二)参考答案及解析(见软件)